야베스의 기도

찰스 스펄전

야베스의 기도
The Prayer of Jabez

발행일	2016년 6월 15일 개정판 4쇄
	2013년 12월 15일 초판
	2012년 9월 15일 전자책
지은이	찰스 스펄전 (Charles H. Spurgeon)
옮긴이	정시용
발행인	정시용
발행처	프리스브러리
전자 우편	info@prisbrary.com
홈페이지	www.prisbrary.com

Copyright (C) 프리스브러리, 2016, Printed in Korea.
ISBN 978-89-6774-017-7 (03230)

이 도서의 국립중앙도서관 출판예정도서목록(CIP)은 서지정보유통지원시스템 홈페이지(http://seoji.nl.go.kr)와 국가자료공동목록시스템(http://www.nl.go.kr/kolisnet) 에서 이용하실 수 있습니다. (CIP제어번호 : CIP2016001564)

이 책의 성경 구절은 보다 정확한 내용 전달을 위해 원문에 사용된 성경 구절을 직접 번역하여 실었습니다.

야베스의 기도

제1장_**야베스가 원했던 축복** ································ 7
  눈물로 심고 기쁨으로 거두고
  기도의 사람 야베스
  야베스가 드린 기도
  진정한 축복과 거짓된 축복
  진정한 축복은 하나님께서 주시는 것

제2장_**사람의 축복** ································ 15
  축복의 말
  칭찬
  아첨

제3장_**일시적인 축복** ································ 24
  재물
  명성
  건강
  가정

제4장_**착각하기 쉬운 축복** ································ 39
  구원받지 못한 자의 착각
  구원받은 자들의 착각

제5장_**하나님의 진정한 축복** ································ 59
  그리스도께 인도하는 것
  하나님께 영광 돌리는 것

제6장_**삶에 적용하기** ································ 63

스펄전의 회심

제1장_**잊지 못할 그날의 환희** ································ 71

제2장_**대속에 담긴 놀라운 의미** ································ 76

제3장_살인자의 정체 ································· 82

제4장_진정한 회심 ··································· 92

제5장_구원에 이르게 한 설교 ························ 99

제6장_구원의 기쁨 ·································· 109

제7장_구원의 확신 ·································· 119

제8장_예수님을 따라 사는 삶 ······················ 127

옮긴이의 글

우리가 평소에 하나님께 간절히 구했던 많은 축복이 사실은 거짓된 축복일지도 모른다는 생각을 해본 적이 있나요?

이 책은 스펄전의 수많은 설교 중에서 역대상 4장 9~10절을 본문으로 설교한 내용을 정리한 것입니다. 〈야베스의 기도〉로 알려진 이 구절은 많은 설교자가 하나님께 복을 구하는 내용의 설교를 할 때 즐겨 인용하는 말씀입니다. 그런데 스펄전은 본문에 사용된 〈진정으로 indeed〉란 단어에 초점을 맞추어 우리가 평소에 생각하던 축복이 사실은 일시적이고 착각하기 쉬운 축복이며 야베스가 간절히 구했던 〈진정한〉 축복과는 거리가 멀다고 지적합니다.

그렇다면 진정한 축복이란 무엇일까요? 우리를 그리스도께로 인도하고 우리가 하나님께 영광을 돌리게 하는 것이라면 무엇이든지 진정한 축복이 될 수 있다고 스펄전은 말합니다. 가난, 질병, 우울함, 분쟁, 외로움, 흔히 저주라고 여겨지는 이 모든 것이 때로는 우리를 겸손하고 거룩한 하나님의 백성이 되도록 다듬어주는 진정한 영적 축복이 될 수도 있습니다.

비록 짧은 책이지만 〈야베스의 기도〉를 통해 많은 분이 하나님의 진정한 은혜의 선물이 무엇인지 생각해 보는 시간을 가졌으면 좋겠습니다.

오 주님께서 저를 진정으로 축복하여 주시옵소서!

야베스가 원했던 축복

야베스는 그의 형제보다 귀하였는데 어머니가 그를 야베스라 불렀으며 이는 〈내가 그를 슬픔 가운데 낳았다〉 함이었더라.

야베스가 이스라엘의 하나님께 간청하며 이르기를 〈오 주님께서 저를 진정으로 축복하여 주옵시며 제 지경을 넓혀 주소서. 주의 손이 저와 함께하여 저를 악으로부터 지켜주시면 악이 저를 비참하게 만들지 못할 것입니다!〉 하였더니 하나님께서 그가 간절히 구한 것을 허락하셨더라. (대상 4:9~10)

눈물로 심고 기쁨으로 거두고

야베스에 관해서 알려진 내용은 그리 많은 편이 아닙니다. 다만 야베스가 자기 형제들보다 더욱 귀했다는 점과 그의 어머니가 수고로이 낳아서 그를 야베스라 부르게 되었다는 점만 알려졌을 뿐입니다. 야베스의 어머니가 그랬던 것처럼 때로는 아주 힘든 일을 겪고 나서야 비로소 기쁜 일이 뒤 따라 오는 때도 있습니다. 마치 매서운 폭풍우가 물러가고 맑은 햇살이 그 자리를 대신하는 것이나, 기쁨의 아침이 오기 전에 먼저 눈물로 지새우는 밤을 지내야 하는 것처럼 말이지요.

> 이는 그분의 노함은 잠깐이나 호의는 일평생 지속함이라. 밤 동안 울음이 있을지라도 아침에는 기쁨이 오리로다. (시 30:5)

이처럼 괴롭고 수고로운 경험은 어쩌면 기쁜 일이 생길 것을 미리 알려주는 징조일지도 모릅니다.

윌리엄 쿠퍼William Cowper는 다음과 같은 말을 남겼습니다.

슬픔의 길, 바로 그 길만이

슬픔 없는 곳으로 우릴 인도하네.

기쁨으로 단을 거두려면 그전에 눈물로 씨를 뿌려야 합니다. 그리스도를 위해 힘써 일을 하는데 오히려 고난을 받으며 눈물을 흘릴 때가 있습니다. 어렵고 실망스런 일로 영혼을 쥐어짜는 듯한 고통을 겪을 때도 있습니다. 하지만 그런 어려움을 극복하고 온 힘을 다하면 언젠가 기쁨이 찾아오기 마련입니다.

라헬은 아기를 낳는 고통이 너무 심해 소중한 아기에게 〈슬픔의 아들〉이란 뜻의 〈베노니〉란 이름을 붙이려 했습니다. 하지만 하나님께서는 오히려 〈내 오른편의 아들〉을 뜻하는 〈베냐민〉이란 기쁜 이름을 주셨습니다.

그녀가 죽어 영혼이 떠나려 할 때 그 아이의 이름을 베노니라 불렀으나, 아이의 아버지는 그를 베냐민이라 불렀더라. (창 35:18)

여러분도 라헬처럼 낙심하지 말고 믿음으로 끝까지 하나님을 섬긴다면 하나님께서는 반드시 여러분의 삶을 축복해주실 것입니다.

다른 배보다 짐을 더 많이 실은 배는 고향으로 돌아오는 길이 더딜지도 모르지만, 그 배가 도착했을 때는 기다린 만큼 더 큰 기쁨을 안겨줄 것입니다. 이처럼 힘든 시절을 오래 견딘 후에 받은 복은 그만큼 더욱 귀하게 여겨질 것입니다.

기도의 사람 야베스

형제보다 더욱 고귀하게 여겨졌던 야베스도 라헬처럼 어머니가 슬픔 중에 낳은 자였습니다. 하지만 야베스는 목표도 뚜렷했고 명성도 자자했으며 역사적인 인물이 되었습니다. 그런데 그보다 중요한 사실은 그가 〈기도의 사람〉이었다는 점입니다. 물론 야베스는 축복이 저절로 찾아오기를 가만히 기다린 것이 아니라 자신이 할 수 있는 한 최선을 다해 노력하는 삶을 살았을 것입니다. 그런데 야베스가 하나님께 높임을 받을 수 있었던 근본적인 이유는 그의 노력 때문이 아니라, 그가 하나님께 드린 기도와 헌신을 하나님께서 인정하시고 은혜의 보상으로 그 모든 영예를 허락하셨기 때문입니다.

하나님께서 그가 간절히 구한 것을 허락하셨더라. (대상 4:10)

야곱이 하나님께 이스라엘이란 이름을 받을 수 있었던 것도 밤을 새워 간절히 기도하였기 때문입니다. 하나님께 이스라엘이란 이름을 받은 것은 이 세상의 어느 위대한 황제에게 아첨하여 받은 부귀영화보다도 훨씬 명예로운 것입니다. 가장 높으신 그분께 받은 것이야말로 인간이 얻을 수 있는 가장 큰 명예입니다.

야베스가 그의 형제들보다 훨씬 고귀한 자였다는 것과 그가 드린 기도가 성경에 기록되었다는 사실은 그가 다른 형제들보다 더욱 열심을 품고 하나님께 기도하였다는 것을 암시합니다.

야베스가 드린 기도

야베스가 하나님께 어떠한 간청을 드렸는지는 여러분도 잘 알고 계실 것입니다. 야베스가 드린 기도의 내용은 매우 의미심장하며 많은 교훈을 줍니다. 그 가운데서도 나머지 다른 구절을 제대로 이해하기 위해서 꼭 필요한 핵심 구절인 다음 문장을 유심히 살펴보기로 하겠습니다.

오 주님께서 저를 진정으로 축복하여 주시옵소서!

저는 이 구절이 바로 여러분 자신의 기도가 되었으면 좋겠습니다. 이 기도는 신앙생활을 처음 시작하는 분이든 오랫동안 믿음 생활을 해온 분이든 상관없이 기쁠 때나 슬플 때나 어느 때든지 드릴 수 있는 기도입니다. 특히 〈진정으로〉와 〈주님께서〉란 단어가 주는 의미를 꼭 기억하셨으면 좋겠습니다.

진정한 축복과 거짓된 축복

오 주님께서 저를 〈진정으로〉 축복하여 주시옵소서!

이 기도의 가장 큰 핵심은 〈진정으로〉란 단어에 있습니다. 축복에는 여러 가지 종류가 있습니다만 어떤 축복은 그저 이름

뿐에 불과하기도 합니다. 그것들은 우리가 바라는 것을 잠깐 만족하게 해주지만 결국에는 우리의 기대를 영원히 저버리고 맙니다. 눈으로 보기에는 매혹적일지 모르지만 그러한 매력이 오래가지 못하는 일시적인 축복에 불과합니다. 비록 잠시나마 육신을 즐겁게 해주지만 점차 닳아 없어지고 말며 그보다 더욱 고차원적인 영혼의 목마름을 채워주지는 못합니다.

그런데 야베스가 〈주님께서 저를 진정으로 축복하여 주시옵소서!〉라고 기도했을 때 받길 원했던 것은 그러한 일시적인 축복이 아니었습니다.

진정한 축복은 하나님께서 주시는 것

이스라엘의 하나님이시며 언약의 하나님이신 〈주님께서〉 주시는 축복이라면 그것이야말로 사라져버리는 거짓된 축복과는 다른 〈진정한〉 축복일 것입니다. 선하신 하나님께서 그분의 선하신 뜻에 따라 나눠주시는 축복이라면 그 자체로 이미 선한 것이 틀림없으며, 다른 어떠한 것과 비교할 수 없을 정도로 우리를 좋은 길로 인도하여 〈진정한 축복〉이라 불리기에 손색이 없을 것입니다.

진정한 축복을 원한다면 하나님께서 은혜로서 그것을 주시기를 바라십시오. 하나님께서 선택하신 대로 축복이 임하길 기대하십시오. 하나님의 너그러움에 기대십시오. 하나님의 뜻에 합당한 축복이야말로 진실로 선한 것이며 사람들의 입에 오르내릴 만하며 참으로 의미 있고 지속적인 명예를 가져다줄 것입니다.

오 주님께서 진정으로 저를 축복하여 주시옵소서!

이 구절을 다시 한 번 깊이 묵상해 보시기 바랍니다. 그러면 그 안에 우리가 알지 못했던 깊은 의미가 담겨 있다는 것을 깨달을 것입니다.

사람의 축복

축복의 말

〈오 주님께서 진정으로 저를 축복하여 주시옵소서!〉란 구절에서 언급된 축복과 사람들이 일반적으로 베푸는 축복의 말을 비교해보겠습니다.

물론 부모에게 축복을 받거나 아니면 덕망 있는 분들에게 마음에서 우러나오는 축복의 말을 듣고, 또 그들이 우리를 위하여 기도해 주는 것은 매우 기쁜 일입니다. 사실 가난한 이들은 자녀에게 축복의 말 이외에 남겨줄 유산이 없는 경우가 허다하지만, 정직하고 거룩한 그리스도인 아버지에게서 받는 축복의 말은 그 아들에게 다른 어떤 유산보다도 값진 보물이기도 합니다. 반대로 어떤 이는 자신을 축복해줄 부모가 없어 평생 한탄하며 살지도 모릅니다.

친부모가 아니라도 자신이 존경하는 사람에게 축복의 말을 듣는 것을 싫어하는 사람은 없습니다. 특히 영적인 부모처럼 여기는 목회자에게 축복의 말을 듣는 것은 매우 큰 위안을 줍니다. 물론 성직자라고 해도 우리와 똑같은 죄인이며 그들이 베푸는 축복에 특별한 능력이 있는 것은 아니지만, 우리를 그리스도께 인도하고 하나님의 일을 가르치는 자에게 축복의 말을 듣는 것은 분명 기분 좋은 일입니다.

그보다 더욱 귀한 것은 가난한 사람이 베푸는 축복의 말입니다. 욥은 가난한 사람이 자신을 축복하는 것을 귀중한 보물처럼 여겼습니다.

> 귀들이 나를 들었을 때 내게 축복해주었고, 눈들이 나를 보았을 때 내게 증언해주었도다. 이는 내가 울부짖는 가난한 자, 고아,

도와줄 이 없는 자들을 구제했기 때문이다. (욥 29:11~12)

만일 여러분이 과부와 고아들을 구제하여 그들이 감사하는 마음으로 여러분을 축복한다면 그것은 더없이 값진 보상이 될 것입니다.

사랑하는 성도 여러분, 부모나 친척이나 성도나 혹은 감사를 전하는 사람이 건네는 축복의 말이 매우 소중한 것은 분명합니다. 하지만 사람이 베푸는 그 어떤 축복도 하나님께서 주시는 진정한 축복에 비하면 턱없이 모자랍니다.

오 주님, 우리는 주님께서 만드신 사람들에게 마음으로부터 우러나오는 축복을 받을 수도 있습니다. 하지만 〈주님께서야 말로 진정으로 제게 복을 주실 수 있습니다!〉 주님께서 복을 주시는 권세를 가지셨기 때문입니다. 사람의 축복은 단지 지나가는 말에 불과하지만 주님께서 주시는 축복은 진정한 효력이 있습니다. 사람은 자주 자신이 할 수도 없는 일이 이루어지길 소원하고 소유할 자격이 없는데도 베풀어 주려고 합니다. 하지만 주님께는 불가능한 것이 없습니다. 주님께서 한마디 말씀으로 만드신 이 세상이 주님의 전능함과 주님께서 베풀어주시는 축복의 풍성함을 증명해줍니다. 사람의 축복은 약간의 용기를 북돋아 줄지 모르지만 주님께서 베풀어주시는 축복은 생명과도 같습니다. 다른 축복은 주님께서 주시는 축복과 비교해보면 작은 얼룩에 불과합니다. 주님의 축복은 〈썩지 않고 사라지지 않을 기업〉(벧전 1:4)과 〈흔들리지 않는 왕국〉(히 12:28)의 진정한 소유권이기 때문입니다.

이러한 사실을 깨달았던 위대한 다윗왕은 이렇게 기도하였습니다.

주님의 축복으로 주님 종의 집이 영원히 복을 받게 하옵소서.

(삼하 7:29)

칭찬

기도의 내용을 보면 아마도 야베스는 하나님의 축복과 사람의 축복을 대조하고 있는 것 같습니다.

여러분이 자신의 성공을 위해 전력을 다하는 모습을 보이면 사람들은 여러분의 앞길을 축복해 줄 것입니다. 사업에 크게 성공한 사람도 주변인들에게 칭송받을 것입니다. 성공만큼 사람들에게 크게 인정받는 것은 없습니다. 크게 번영하는 일만큼 일반 대중에게 인정받는 것은 없습니다. 아! 사람들은 하나님의 거룩한 기준에 맞추어 인간의 행동을 저울질하지 않고 전혀 다른 기준을 가지고 판단하기를 좋아합니다.

여러분이 잘나가고 있다면 아마 여러분 주변은 칭송하는 자들로 넘쳐날 것입니다. 그렇지 않고 여러분이 욥과 같이 어려운 상황에 빠져 고통당하고 있다면 욥을 위로하는 척하면서 실제로는 정죄했던 그의 친구들과 같은 사람들을 쉽게 만날 수 있을 것입니다.

사람들은 아마도 자신이 다른 이들을 축복할 자격이 있다고 생각하는 것 같습니다. 여러분이 애국자라면 사람들은 여러분의 애국심을 칭찬할 것이고, 여러분이 자기희생적이라면 사람들은 여러분의 관대함을 칭찬할 것입니다. 물론 이것이 나쁘다는 것은 아닙니다. 하지만 여러분에 대한 사람들의 평가가 도대체 무슨 의미가 있을까요?

법정에서 재판할 때 경찰의 의견이나 재판을 지켜보는 참관인의 의견은 판결에 아무런 영향을 주지 않습니다. 재판을 받는 피고인이 가장 신경 써야 할 부분은 바로 배심원의 의견과 재판관의 판결입니다!

이와 마찬가지로 우리 인생에서도 다른 사람들이 우리를 어떻게 칭찬하든 비판하든 아무런 상관도 없습니다. 사람들이 우리에게 베푸는 축복의 말은 재판을 지켜보는 참관인의 의견처럼 우리 인생의 최종 판결에 어떠한 영향도 주지 못합니다.

하지만 우리가 인생의 최종 판결자이신 하나님께 〈주님께서 제게 진정으로 복을 주시옵소서!〉라고 간절히 구한다면, 주님께서는 우리를 〈잘하였다, 착하고 충성스러운 종아〉(마 25:23)라고 칭찬해 주실 것입니다.

> 주님의 은혜로 말미암아 저의 보잘것없는 섬김의 마음을 칭찬해 주시옵소서. 그리하면 제가 진정으로 복을 받겠나이다.

아첨

사람에게 받는 축복의 말은 때때로 진정성 없는 아첨에 불과할 때도 있습니다.

이솝 우화에 까마귀가 물고 있는 치즈를 빼앗으려고 온갖 아첨을 늘어놓는 여우가 등장합니다. 우리 주변에도 그 여우와 같이 자신의 이득을 위해 축복을 가장한 아첨을 하는 사람을 쉽게 볼 수 있습니다. 그런 사람은 여러분에게 관심이 있는 것이 아니라 여러분에게서 무엇을 얻어낼 수 있을 것인가에 관심이 있습니다. 아첨하는 사람은 절대로 멸종되지 않고 끊임없이 나타납니다.

아첨하는 사람을 비웃으며 우쭐하는 이들도 막상 자신에게 칭찬의 말들이 쏟아질 때는 마치 당연한 것처럼 받아드리고 맙니다. 그들은 조금 과장되긴 했지만 아주 틀린 말은 아니라며 자신을 향한 아첨을 정당화하고 결국 심각한 자아도취에 빠지고 맙니다.

우리에게 쏟아지는 사람들의 칭찬을 겸손한 마음으로 물리치는 것은 그리 쉬운 일이 아닙니다. 하지만 현명한 사람들은 오히려 자신을 비판하는 자들을 소중하게 생각하며 칭찬하는 자들에게는 언제나 적절한 거리를 두곤 합니다. 비판하는 자들은 적어도 우리를 이용하려는 생각을 품지는 않기 때문입니다. 하지만 우리를 극찬하는 자들은 혹시 그들의 마음속에 겉과 다른 동기를 품고 있는 것은 아닌지 의심해 볼 필요가 있습니다. 그런 의혹은 우리가 편견에 사로잡히지 않도록 도와줍니다.

청년 여러분, 혹시 하나님께서 여러분을 명예로운 자리에 앉히셨습니까? 또는 여러분의 지경을 넓히셨습니까? 여러분의 소유를 풍성하게 하셨습니까? 그렇다면 아첨꾼을 조심하십시오. 달콤한 꿀이 있는 곳에는 언제나 벌레들도 꼬이기 마련입니다. 아첨을 조심하십시오.

젊은 여성들이여, 혹시 여러분의 외모가 아름답습니까? 여러분의 아름다움을 칭찬하며 나쁜 음모를 품고 있는 자들이 있을지 모릅니다. 아첨꾼을 조심하십시오. 입술에 꿀을 바른 자들을 멀리하십시오. 그 입술 아래 독사의 독을 품고 있을지도 모릅니다. 솔로몬이 말한 다음 경고를 늘 가슴에 새기시기 바랍니다.

그의 입술로 아첨하는 자와 어울리지 마라. (잠 20:19)

하나님께 더욱 열정적으로 기도할 수 있도록 이렇게 부르짖어 구하십시오.

제 영혼을 더럽히는 이 모든 헛된 칭찬 가운데서 저를 건지어 주옵소서. 오 주님께서 저를 진정으로 축복하여 주시옵소서! 주님께서 주시는 축복을 붙잡게 하여 주옵소서. 주님께서 주시는 축복은 저를 교만하게 만들 정도로 과하지도 않으며, 그렇다고 주님께서 약속하신 것보다 모자라지도 않습니다!

야베스가 주님께 드린 기도와 사람들이 일반적으로 베푸는 축복의 말의 차이를 깨닫는다면 여러분은 더욱 놀라운 진리를 발견하게 될 것입니다.

일시적인 축복

여기서 잠시 다른 관점에서 야베스가 간절히 원했던 축복과 일시적이고 금세 사라져버리는 축복을 비교해 보려고 합니다.

하나님의 은혜로 우리는 많은 것을 풍족하게 누리고 있으며 그 점을 마땅히 감사하게 여겨야 합니다. 하지만 그런 풍족함은 일시적일 뿐이며 너무 많이 소유하거나 비축하려고 하지는 말아야 합니다. 풍족함을 감사함으로 누릴 수는 있지만 우상으로 섬겨서는 안 됩니다. 하나님께서 주신 일시적인 풍족함을 누릴 때는 다음과 같이 기도해야 합니다.

주님께서 저를 진정으로 축복하여 주시옵시고, 이 열등한 축복을 진짜 축복으로 바꿔주옵소서.

하나님께서 풍족함을 허락하지 않으셨다면 더 열심히 다음과 같이 부르짖어 기도하십시오.

오 주님 우리의 믿음이 풍성하게 하옵시고, 겉으로 드러나는 풍족함 대신 영적인 풍족함으로 우리를 축복하여 주소서. 그리하면 우리가 진정으로 복을 받겠나이다.

재물
하나님께서 주신 겉으로 드러나는 풍족함 중에 대표적인 것 몇 가지를 살펴보겠습니다.

인간의 마음이 가장 먼저 갈망하는 것은 바로 재물입니다. 재물을 얻으려는 욕망은 너무나 보편적이어서 심지어 어떤 이들은 자연스러운 본성이라고까지 말하곤 합니다.

얼마나 많은 이들이 재물을 소유한 것을 진실한 복으로 생각하는지 모릅니다! 하지만 행복은 소유의 풍족함으로부터 얻을 수 없다는 것을 우리는 너무나 잘 알고 있습니다. 이를 뒷받침하는 사례가 무수히 많기에 여기서 재물의 풍족함이 진실한 축복이 아니라는 것을 증명하려고 애쓸 필요는 없을 것 같습니다.

때로는 많은 것을 소유하고 있지만 누구보다도 적게 누리며 사는 불쌍한 사람도 있습니다. 그는 편한 환경에서 생활하면서도 불편한 마음을 안고 살아갑니다. 가지고 싶은 것을 모두 얻은 자들은 오히려 불행할지도 모릅니다. 목표로 삼을만한 것이 더 이상 없기 때문입니다.

> 그리하여 한심한 구두쇠는
> 쌓아놓은 재물에 앉아 굶주리며
> 자신이 가진 황금을 움켜쥐고 되새면서
> 한 곳에 못 박힌 듯 슬프게 앉아

자신은 가난하다고 한탄한다.

해마다 찾아오는 봄날처럼 기쁘게 살아가는 사람을 관찰해보면 물질적인 풍족함이란 그다지 중요한 것은 아니라는 게 확실해집니다. 재물은 자주 그 소유자를 속이곤 합니다. 산해진미가 차려져 있다 하더라도 식욕이 없고, 훌륭한 연주자가 음악을 연주해도 그의 귀에는 어떠한 선율도 들어오지 않습니다. 아무 때나 황금 같은 연휴를 보낼 수도 있지만 마땅히 흥미를 느낄만한 것이 없습니다.

부모에게 많은 재산을 상속받은 젊은이는 아마도 무언가를 추구하며 삶의 기쁨을 찾으려 애쓸 테지만, 그에게는 노는 것이 일하는 것보다 더 귀찮고 재산을 탕진하는 일은 단순노동보다 더 지루하게 느껴질 것입니다.

부유함은 날개를 달고 있어서 나무 위에 앉아 쉬던 새가 금세 멀리 날아가 버리듯 언제라도 쉽게 날아가 버립니다. 늙고 병들고 기력이 쇠하는 시기가 닥치면, 한때 〈내 영혼아, 쉬자〉(눅 12:19)고 달콤하게 속삭이며 친근하게 굴던 부유함도 결국 아무런 도움도 줄 수 없습니다. 오히려 죽음이 임박했을 때는 물질적인 부유함이 임종의 순간을 더욱 고통스럽게 만들기도 하는데, 왜냐하면 이 땅에 남겨둔 것이 많을수록 더 큰 손해를 보는 것처럼 느끼기 때문입니다.

여러분이 많은 재물을 소유하고 있다면 이렇게 기도하십시오.

> 하나님, 저를 이 껍데기들과 함께 버려두지 마옵소서. 제가 주께서 섭리 가운데 은혜로서 주신 금이나 은이나 물건이나 소유나 땅이나 투자한 것을 우상으로 삼지 말게 해주소서. 주께 간청하오니, 제게 진정한 복을 주시고 이런 세속적인 부유함이 제 발목을 붙잡지 않도록 주님의 은혜로 돌보아 주소서.

그렇지만 대부분은 아마도 가진 재물이 별로 없을 것입니다. 그런 분들은 이렇게 기도하십시오.

> 하나님 아버지, 주님께서 제게 겉으로 드러나는 부유함을 허락하지 않은 대신 주님의 사랑으로 풍요롭게 하여 주소서. 제게 주님

의 은총의 황금을 주시고 진정한 복을 주시옵소서. 주님께서 주시고자 하는 것이 무엇이든지 나의 몫을 나누어 다른 이들이게 베풀어 주소서. 제 영혼은 매일 주님의 뜻을 기다립니다. 제게 진정한 복을 주시면 저는 그것으로 만족하겠나이다.

명성

어리석은 인간들이 헛되게 탐내고 열렬히 추구하는 또 다른 일시적인 축복으로는 명성이 있습니다.

거의 모든 사람이 형제들보다 더 명예로워지길 원하며 경쟁하는 사람들을 이기고 싶어합니다. 자신의 이름을 널리 알리고 소속된 단체에서 주목을 받고 활동 영역을 넓히고 싶어하는 것은 매우 자연스러운 현상처럼 보입니다.

하지만 물질적인 부유함이 그러하듯 아무리 큰 명예라도 우리에게 진정한 만족을 줄 수는 없습니다. 사람들은 오히려 최종 목적을 달성했을 때 얻을 수 있는 만족감보다도 명예나 혹은 악명을 쌓는 과정에서 더 큰 기쁨을 누리곤 합니다. 그렇기에 이미 유명해질 대로 유명해진 사람은 어쩌면 인간 중에서 가장 가엾은 자일지도 모릅니다.

만일 여러분이 이미 명예와 명성을 가지고 있다면 그대로 받아들이고 다음과 같은 기도를 드리십시오.

> 하나님, 저를 진정으로 축복하여 주시옵소서. 주님께서 저를 내뱉으신다면 설사 제 이름이 수천 명의 입에 오르내린들 무슨 유익이 있겠습니까? 제 이름이 어린양의 생명책에 기록되지 않는다면 비록 제 이름이 값진 대리석에 새겨진들 무슨 소용이 있겠습니까? 이러한 명성은 단지 표면적인 축복에 불구하고 바람처럼 조롱하듯 지나갈 뿐입니다. 제게 주님의 축복을 주시옵소서. 그러면 주께서 주시는 명예가 저를 진정으로 복되게 할 것입니다.

혹시 다른 사람들에게 주목받지 못하고 동료에게도 그다지 인정받지 못한 채 살고 있습니까? 그렇다면 하나님께서 여러분께 허락하신 소명의 길로 달려가는데 만족하시기 바랍니다. 이름이 널리 알려지지 않은 것은 그렇게 통탄할 만한 불행이 아닙니다. 명성은 마치 새하얀 눈처럼 아침에는 땅을 하얗게 빛내지만 결국 낮의 온기에 녹아 없어지고 맙니다. 아무리 많은 사람이 자신을 칭찬한다고 해도 자신이 죽고 난 다음에는 그것이 무슨 소용이 있겠습니까? 그러니 진정한 축복을 취하시길 바랍니다.

건강

또 다른 일시적인 복 중에는 앞서 언급한 두 가지에 비해 정당하게 보이고, 또한 많은 지혜로운 자들이 소원하는 것이 있습니다. 바로 건강의 축복입니다.

건강의 축복을 받은 적이 있습니까? 건강은 매우 소중한 것이며 그것을 하찮게 보는 것은 매우 어리석은 짓입니다. 건강에 관해서는 아무리 강조해도 절대 지나치지 않습니다. 건강한 몸을 가진 사람은 병약한 사람에 비해 엄청나게 큰 복을 받은 것입니다. 설사 병약한 사람이 아무리 많은 부와 명예를 가졌다고 할지라도 건강한 사람에 비하면 매우 불행하다고 할 수 있습니다.

그런데 몸이 건강하고 뼈들은 어긋난 곳이 없으며 근육은 팽팽하고 아픔이나 고통을 거의 겪어보지 않고 아침이면 벌떡 일어나 일하러 가고 밤이면 침대에 몸을 뉘어 깊고 상쾌한 잠이 들 수 있다고 할지라도 저는 결코 육체적인 힘을 자랑하지 않을 것입니다! 왜냐하면 얼마 지나지 않아 육신은 저를 실망하게 할 것이 분명하기 때문입니다. 불과 몇 주 사이에도 강건하던 사람이 해골처럼 마르게 될 수 있습니다. 혹시라도 폐결핵에 걸린다면 금방 그의 뺨에는 창백한 죽음의 그림자가 뒤덮고 말 것입니다.

강건한 사람은 절대로 자신의 육체적인 힘을 자랑하지 마시기 바랍니다.

여호와는 말의 힘을 즐거워 아니하시며 사람의 다리도 기뻐 아니하시고 (시 147:10)

우리 모두 강건함을 자랑으로 삼지 않도록 주의합시다. 혹시 여러분이 건강한 육체를 가졌다면 다음과 같은 기도를 드리시기 바랍니다.

하나님, 저를 진정으로 축복해 주시옵소서. 제가 가진 영적인 질병을 고쳐주시고 제게 건강한 영혼을 주시옵소서. 여호와 라파(치료하시는 하나님)시여, 제가 태어날 때부터 가지고 있던 마음의 문둥병을 제거해 주시고 하나님 나라에 합당한 건강한 마음을 주시옵소서. 그리하면 제가 부정한 자들 가운데 치우치지 않고 주의 거룩한 모임에 참여할 것입니다.

또, 제게 육체적인 건강의 복도 주셔서 제가 그것을 올바르게 사용하도록 해주소서. 제가 가진 육체적인 힘을 주님을 섬기고 주께 영광 돌리는 데 사용하게 해주소서. 그렇게 사용하지 않는다면 아무리 건강하다 할지라도 진정으로 복을 받은 것이 아닙니다.

여러분 중에 어떤 분들은 이처럼 중요한 건강의 보물을 가지지 못했을 것입니다. 지치고 피곤한 날들이 여러분을 괴롭히며 날씨가 흐리면 뼈가 쑤실지도 모릅니다. 그런 분들에게 동정의 말을 하기보다는 오히려 진정한 복을 받기를 기도하겠습니다.

저 역시 매우 아팠던 시절이 있었기에 그 진정한 복이 어떤 것인지 잘 알고 있습니다.

얼마 전, 어느 자매로부터 다음과 같은 말을 들었는데 진심으로 공감할 수 있었습니다.

> 제가 아팠을 때 하나님과 정말로 가까이 있는 것을 느꼈어요. 너무 확신할 수 있었고 주님 안에서 큰 기쁨을 느낄 수 있었죠. 하지만 지금은 그렇지 못해서 너무 아쉬워요. 심지어는 다시 아팠으면 좋겠다는 생각도 들었어요. 그러면 다시 하나님과 깊은 교제를 나눌 수 있을 테니까요.

저는 가끔 제가 매우 아팠던 시절을 되돌아보곤 합니다. 아마도 오랜 시간을 침대에서 병으로 고통스러워하며 보내지 않았더라면 저는 하나님의 은혜 가운데 성장하지 못했을 것입니다. 확실히 제가 건강했다면 영적으로 성장하는 것이 더디었을 것입니다.

물론 하나님의 자비하심으로 우리의 영이 별다른 고난을 겪지 않고도 빠르게 성장하는 예도 있습니다. 그렇지만 힘든 역경이 기쁜 나날보다 더 많은 유익을 가져올 때가 많습니다. 그리고 어떤 사람들은 더 크게 성장하기 위해서 가지치기하는 과정이 반드시 필요하기도 합니다.

아무쪼록 여러분이 겪고 있는 고통이 약함이나 쇠함이나 아픔이나 괴로움이나 어느 것이든지 그 가운데 하나님께서 함께하셔서, 지나고 나면 가볍다고 할 수도 있는 이 육체의 고통이 여러분을 〈지극히 크고 영원한 영광의 중한 것〉(고후 4:17)에 이르게 하여 하나님께서 원하시는 진정한 복을 받을 수 있도록 간절히 기도합니다.

가정

마지막으로 살펴볼 하나님께서 자비로 베푸신 일시적인 축복은 우리에게 매우 소중한 것인데, 바로 가정의 축복입니다.

가정의 축복은 아무리 강조해도 지나치지 않을 정도로 소중합니다. 아내, 자녀, 아버지, 형제, 자매와 같이 가정이란 단어로

엮인 친밀한 관계가 난로 가에 도란도란 둘러앉아 대화를 나누는 모습을 상상해보면 얼마나 좋은지 모릅니다! 〈어머니〉에게 바쳐지는 노래처럼 감동으로 가득 찬 노래는 그 어느 언어에도 찾아보기 어렵습니다. 독일어로는 조국을 아버지 나라 Vaterland 라고 하는데 여기서도 핵심적인 의미는 〈나라〉보단 〈아버지〉에 있습니다.

저는 될 수 있으면 많은 사람이 이런 좋은 관계의 축복을 받았으면 좋겠습니다. 깨어진 관계를 그대로 내버려 둔 채 살아가지 말기 바랍니다. 또, 좋은 가정의 복을 받지 못한 분들 위에도 부디 하나님께서 주시는 진정한 축복이 임하길 기도합니다.

주님, 제게 이 땅에서 아버지를 주심을 감사드립니다. 하지만 주님께서 제 아버지가 되어주시옵소서. 그것이 저에게 진정한 복이 됩니다. 제게 어머니의 사랑을 주심을 감사드립니다. 하지만 어머니가 저를 보살피는 것처럼 주님께서 제 영혼을 보살펴 주시옵소서. 그것이 저에게 진정한 복이 됩니다. 구원자 되시는 주님, 제게 부부의 관계를 주신 것을 감사합니다. 하지만 주께서 제 영혼의 신랑이 되어 주시옵소서. 주님, 제게 형제들을 주신 것을 감사드립니다. 하지만 주님께서 제가 역경을 겪을 때 함께 하는 형제가 되어주시고, 나의 뼈 중의 뼈이며 살 중의 살이 되어 주시옵소서. 주님께서 제게 가정을 주셔서 감사와 찬양을 드립니다. 하지만 저는 주의 전에 영원히 거하며 거할 곳이 많은 내 아버지의 집에서 떠나 방황하지 않는 참된 주님의 자녀가 되고 싶습니다.

그러므로 행복한 가정을 갖지 못한 분들도 진정한 축복을 받을 수 있습니다. 반대로 전능하신 이의 보살핌 아래 거하지 않는다면 행복한 가정의 축복을 받았다 할지라도 야베스가 간절히 구했던 진정한 축복에는 이르지 못할 것입니다.

하지만 사랑하는 가족과 사별해야 했던 분에게 제가 무슨 말씀을 드릴 수 있을까요? 마치 여러분의 생명 일부가 여러분을 혼자 버려두고 떠나버린 것만 같을 것입니다. 여러분의 심장 일부가 떠나가버린 이와 함께 무덤에 묻혔고 남은 자들은 큰 상처를 입어 고통스러울 것입니다. 주님께서 그런 분들에게 진정으로 복을 주시길 바랍니다!

과부여, 여러분을 만드신 이가 여러분의 남편이 되어주십니다. 고아여, 주님께서 말씀하셨습니다.

내가 너희를 고아와 같이 버려두지 아니하고 너희에게로 오리라.
(요 14:18)

아, 주님 안에서 여러분이 받지 못한 관계의 축복을 보상받으시기 바랍니다. 그리하면 여러분은 진정한 축복을 받을 것입니다!

제가 일시적인 축복을 언급하는데 너무 많은 시간을 사용한 것 같습니다. 그래서 이제는 다른 관점에서 조명해보려 합니다. 우리는 지금까지 인간적이고 일시적인 축복으로만 마음을 채워왔습니다. 하지만 이제 세속적인 것으로 우리 마음을 채우는데 급급해 하나님께서 주시는 영원한 행복에서 멀어지는 일은 그만두시기 바랍니다.

착각하기 쉬운 축복

이제 세 번째로 착각하기 쉬운 축복들에 관해서 이야기해 보도록 합시다. 이 세상에는 그러한 축복들이 많습니다. 하나님께서 그런 것들로부터 우리를 지켜 주시기를 바랍니다.

오, 주님께서 저를 진정으로 축복하여 주시옵소서!

구원받지 못한 자의 착각

1) 자기의

바리새인을 예로 들어봅시다. 그는 주님의 전에 서서 그가 주님께 복을 받았다고 가르치며 스스로 자신만만해 하였습니다. 그리고는 자기 만족감에 사로잡혀 이렇게 기도했습니다.

> 하나님, 제가 다른 사람들과 같지 않아서 주님께 감사드리옵니다. (눅 18:11)

그는 하나님께 복을 받았으며 스스로 그것을 받을만하다고 착각했습니다. 그는 일주일에 두 번씩 금식하였고 소유한 모든 것, 심지어 뿌리채소와 박하의 십일조까지 드렸습니다. 그는 모든 율법을 다 지켰다고 자부했습니다. 그는 양심에 아무런 거리낌이 없는 사람이었으며 선하고 친절한 사람이었습니다. 그는 바리새인 중의 바리새인이었습니다. 다른 사람들이 그처럼 살지 못하는 것이 안타까울 정도였습니다.

만일 모든 사람이 그와 같았다면 경찰이 필요 없었을 것이고 빌라도는 경비병들을 해산시켰을 것이며 헤롯왕은 병사들이 필요 없었을지도 모릅니다. 그는 이 세상에서 가장 훌륭한 사람 중의 하나였습니다. 그는 그가 살았던 도시를 빛낸 위인이었습니다.

아! 하지만 그는 진정으로 축복받은 것이 아니었습니다. 전부 자만심에 사로잡혀 스스로 착각한 것에 불과했습니다. 그는 단순한 허풍쟁이였을 뿐이며 자신이 받았다고 착각했던 축복은 실제로는 임하지 않았습니다.

오히려 그가 저주받았다고 생각했던 불쌍한 세리가 하나님께 의롭다 여김을 받고 집으로 돌아갔습니다. 자신이 하나님의 축복을 받았을 거라 착각했던 바리새인은 축복과는 전혀 거리가 멀었습니다.

여러분 모두 이 이야기가 주는 꾸지람에 양심의 가책을 느끼셨으면 합니다. 그리고 이렇게 기도하시기 바랍니다.

위대하신 하나님, 우리가 자신에게 있지도 않은 의로움을 주입하

지 않도록 도와주옵소서. 우리가 가진 넝마로 우리의 부끄러움을 가리려 하지 말고 주님께서 주시는 거룩한 혼인 예복을 입혀주소서. 저를 진정으로 축복하여 주옵소서. 제가 주님께서 주시는 진짜 의를 가지게 하여 주옵소서. 주님이 받으실만한 진짜 가치 있는 의를 지니게 하여주소서. 그것은 오직 예수 그리스도 안에 있는 믿음뿐입니다.

2) 잘못된 확신

착각하기 쉬운 축복의 또 다른 형태는 정 반대로 자기의로 가득 찬 자를 경멸하는 이들에게서 찾아볼 수 있습니다. 그러나 그들의 착각은 사실 자기의와 별반 다를 것이 없습니다.

그들은 이런 식으로 노래하는 것을 좋아합니다.

> 난 정말 믿어요, 난 믿을 거에요.
> 예수님께서 날 위해 돌아가신 것을
> 십자가에서 그의 피를 쏟으셨죠
> 죄에서 나를 자유롭게 하시려고요.

여러분은 믿는다고 말합니다. 그런데 여러분이 믿는다는 것을 어떻게 확신할 수 있습니까? 어떤 근거로 그렇게 자신 있어 합니까? 누가 여러분에게 그렇게 말해주었습니까?

오, 난 정말 믿어요.

네, 그렇지만 우리는 무엇을 믿는지 생각해 보아야 합니다. 예수님의 보혈에 대한 특별한 관심이 있었다는 명백한 증거를 가지고 있습니까? 그리스도께서 여러분을 죄에서 자유롭게 하셨다는 것을 믿는데 어떤 영적인 근거를 제시할 수 있습니까?

걱정스럽게도 어떤 이들은 아무런 근거도 없이 자기 멋대로 소망을 품고 있는 것 같습니다. 마치 갈고리가 없는 닻처럼 움켜쥘 것도 없고 붙잡을 것도 없는 채로 말입니다. 그들은 구원받았다고 자신 있게 말합니다. 그리고 그런 생각을 밀어붙이면서 구원받은 사실에 대해 의심을 품는 것을 오히려 죄악처럼 여깁니다. 하지만 안타깝게도 그들은 그런 자신감을 보증할만한 어떠한 근거도 가지고 있지 않습니다.

고핫 자손이 증거궤를 준비하며 그것을 손으로 만졌을 때 그들은 옳게 행했습니다. (민 4:4~6, 15) 하지만 웃사가 그것을 만졌을 때 그는 죽었습니다. (삼하 6:6~7)

확신할만한 준비가 된 사람이 있기도 하며 멋대로 추정하는 사람도 있습니다. 추정하는 것과 확신하는 것에는 엄청난 차이가 있습니다. 확신하는 것에는 합당한 이유가 있기 마련이며 확실한 근거를 토대로 합니다. 하지만 추정하는 것은 확실한 근거도 없는 것을 당연한 것으로 여깁니다. 그리고 뻔뻔한 얼굴로 아무 권리도 없는 것의 소유권을 주장합니다.

여러분이 멋대로 구원받았다고 추정하지 않도록 기도합니다. 만일 여러분이 진심으로 예수님을 믿는다면 여러분은 구원받은 것입니다. 하지만 여러분이 단지 말로만 〈난 예수님을 믿어요〉라고 한다면 구원받은 것이 아닙니다.

여러분의 마음이 새로워져 여러분이 한때 사랑하던 세상의 것이 이제는 미워지고 한때 미워했던 하나님의 것을 사랑하게 되었고 여러분이 진실로 회개하고 다시 태어나 생각이 완전히 바뀌게 되었다면, 여러분은 구원의 기쁨을 만끽할만한 충분한 이유가 있습니다.

하지만 반드시 있어야 할 변화도 없으며 내면에서 우러나오는 신앙심도 없고 하나님에 대한 사랑도 없고 기도하지도 않으며 성령님의 역사도 없이 그저 〈난 구원 받았어요〉라고 주장한다면 그것은 단지 여러분의 착각에 불과합니다. 착각에 빠지는 것은 자유이지만 그런 착각이 여러분을 죄에서 자유롭게 하지는 못합니다. 이제 다음과 같이 기도하시기 바랍니다.

> 오 주님께서 저를 진정으로 축복하여 주시옵소서. 진짜 믿음과 진짜 구원을 주시고 믿음의 핵심이신 예수님만을 신뢰하며 형식적인 믿음에 사로잡히게 하는 자만심에서 벗어나게 하여주소서.

하나님께서 우리를 착각하기 쉬운 축복에 빠지지 않도록 지켜주실 것입니다!

저는 이렇게 말하는 사람을 만난 적이 있습니다.

전 제가 구원받은 것을 믿습니다. 왜냐하면 꿈에서 보았거든요.

또 다른 사람은 이렇게 말했습니다.

저는 성경을 읽으면서 제 경우에 딱 맞는 구절을 발견하였기 때문에 제가 구원받은 것을 믿습니다. 다른 이들도 그렇게 말했고 설교를 통해서도 그렇게 들었습니다.

아니면 이런 식으로 말합니다.

저는 눈에서 눈물이 흘러나왔고 기분이 상쾌해졌습니다. 또, 이전에는 알지 못했던 새로운 기분을 느끼게 되었습니다.

아! 하지만 다음 질문에 대한 확실한 대답이 없다면 그 어떤 고백도 여러분을 하나님의 심판에서 벗어나게 할 수 없을 것입니다.

여러분은 모든 자신감을 포기하고 오직 예수님의 완성된 사역만을 의지합니까? 그리고 그리스도께로 나아와 그분 안에서 하나님과 화해하길 원하십니까?

만일 여러분이 그렇지 않다면, 여러분의 꿈이나 환상이나 생각 등은 그저 여러분만의 꿈과 환상과 생각에 불과할 것이며 심판의 날에는 아무런 도움이 되지 못할 것입니다. 우리가 가는 길과 사람의 고백 가운데는 온전한 진리에서 벗어난 것이 너무 많아서 항상 주님께서 진정한 축복의 길로 인도해 주시기를 기도해야 합니다.

구원받은 자들의 착각

매우 걱정스럽게도 심지어 영원한 구원을 이미 받은 자들도 착각에 빠지지 않도록 주의할 필요가 있습니다. 우리가 영적인 축복이라 여기는 것과 하나님께서 주시는 진정한 축복을 구분할 수 있도록 늘 기도해야 합니다.

다음은 우리가 진정한 축복일 것이라고 착각하기 쉬운 대표적인 예입니다.

1) 응답받은 기도

여러분이 마음에 품은 생각대로 기도의 응답을 받은 것이 진정한 축복일까요?

저는 기도할 때 언제나 〈나의 원대로 마시옵고 아버지의 원대로 하옵소서〉(마 26:39)라는 구절에 제가 드리는 기도를 비추어 보곤 합니다. 반드시 그렇게 해야만 한다는 법은 없지만 저는 그렇게 하기를 좋아합니다. 그렇지 않으면 혹시 모르는 사이에 받으면 안 되는 위험한 것을 구할지도 모르기 때문입니다. 제가 그런 것을 달라고 조를 때 혹시라도 하나님께서 홧김에 그것을 허락하신다면 저는 약간의 달콤함을 맛보겠지만 그 때문에 더욱 쓴 고통을 맛보게 될지도 모르기 때문입니다.

이스라엘 조상이 자기만족을 위해 어떻게 간절히 구했는지 여러분도 잘 아실 것입니다. 하나님께서는 그들의 요구대로 메추라기를 주셨지만 아직 고기를 삼키기도 전에 하나님의 진노가 그들 위에 내려졌습니다. 여러분이 원하신다면 그들처럼 고기를 달라고 기도해도 되지만 항상 이 말을 잊지 마시기 바랍니다.

주님, 만일 이것이 진정한 축복이 아니라면 제게 주지 마시옵소서. 저를 진정으로 축복하여 주시옵소서.

병에 걸려 죽어가는 아들을 둔 어머니가 있었습니다. 그녀는 한 청교도 목사를 찾아가 아들의 목숨을 위해 기도해 달라고 간청했습니다. 목사는 열심히 기도했지만 마지막에 이렇게 덧붙였습니다.

혹시라도 주님의 뜻에 합당하다면 이 아이를 살려주시옵소서.

어머니는 이렇게 항의했습니다.

그게 무슨 말씀이에요? 저는 목사님이 제 아들이 반드시 살아나게 해달라고 기도해 주셨으면 했어요. 〈혹시〉라는 말이나 〈하지만〉이란 말은 안 해주셨으면 좋겠어요.

목사는 이렇게 대답했습니다.

어머님, 하나님의 뜻보다 자신의 고집을 더 내세운다면 아마 평생 후회하면서 살게 될지도 모릅니다.

이십 년이 지난 후에 그녀는 아들이 흉악범으로 교수대에서 목매달리는 장면을 보고 기절한 채 실려나갔습니다. 비록 그녀는 아이가 장성하여 어른이 되는 것을 지켜볼 수는 있었지만, 오히려 아이가 병으로 죽는 편이 훨씬 더 나았을지 모릅니다.

차라리 모든 것을 하나님의 뜻에 맡기는 것이 지혜로운 일입니다. 여러분이 원하는 대로 기도 응답을 받았다고 해서 그것이 꼭 하나님의 사랑이라고 너무 확신하지 마시기 바랍니다. 오히려 〈주님, 제게 진정한 복을 주시옵소서!〉 라고 기도하며 주님의 뜻을 찾는 것이 여러분에게 더 나을지도 모릅니다.

2) 충만한 영혼
때로는 영적으로 매우 충만하고 마음에 생기가 넘치는 때도 있습니다. 하지만 그것이 비록 종교적인 기쁨이라 할지라도 반드시 하나님의 축복인 것은 아닙니다.

우리는 그런 충만함을 기뻐하며 때로는 이 예배당에 모여 함께 기도하는 중에도 우리의 영혼이 불같이 뜨거워져 타오르는 것을 느끼곤 했습니다. 그럴 때면 우리는 이렇게 노래하곤 합니다.

내 영혼이 이같이 뜨거운

불꽃 가운데 머물며

오손도손 둘러앉아

영원한 기쁨을 노래합니다.

물론 영혼이 충만한 가운데 느끼는 기쁨은 마땅히 감사드려야 할 축복 중의 하나입니다. 하지만 저는 우리의 즐거움이 마치 하나님께서 기뻐하시는 표징이라도 되거나 그것이 주님이 주시는 축복 중에 가장 으뜸이라도 되는 것처럼 치켜세우고 싶은 마음은 없습니다.

지금 생각해보면 영혼이 기쁨으로 충만할 때보다도 오히려 심령이 가난해져 주님 앞에 엎드려지는 편이 제게는 더 큰 축복이었던 것 같습니다.

여러분이 주님께 큰 기쁨을 누리게 해달라고 간절히 구하고 그리스도와 함께 정상에 서기를 기도할 때, 그에 못지않은 진정한 축복도 기억하십시오. 바로 굴욕의 골짜기로 이끌리어 매우 낮아지고 움츠러들어 고통 중에 이렇게 부르짖는 것입니다.

주님, 저를 구원하소서! 그렇지 않으면 제가 죽겠나이다!

오늘 주님께서 아무 자격 없는 우리를 죄 용서함으로 축복하여 주셨다면, 내일은 우리를 낮추셔서 우리 자신이 싫어지게 하시고 오직 그분만을 사랑하게 하실 것입니다.

우리가 어떠한 일이든 무릎을 꿇고 겸손한 마음으로 항상 기뻐한다면 우리가 겪는 고된 경험도 진정한 축복이 될 수 있습니다. 하지만 하나님을 두려워하지 않고 삶의 변화가 없는 사람은 진정한 축복에서 멀어질 것입니다.

3) 평안함

사랑하는 성도 여러분, 혹시 주변에서 늘 평안하고 침착하며 쉽게 마음이 동요하지 않는 사람을 보고 부러워한 적은 없습니까?

물론 어떤 이들의 굴곡 없는 성격은 보고 배울만한 것은 사실입니다. 또, 하나님의 영으로부터 오는 흔들리지 않는 확신과 평온함은 매우 기뻐할 일입니다. 하지만 휘몰아치는 폭풍우도 없이 순탄한 삶을 사는 것이 꼭 부러움을 살만한 것일까요?

실제로는 평안함이 없는데도 〈평안하다, 평안하다〉라고 할 위험이 있습니다. (렘 6:14) 그리고 마음이 굳어진 탓에 생기는 고요함도 있습니다. 아니면 스스로 영혼을 속이는 사람들도 있습니다. 그들은 의심이 전혀 없다고 말하지만, 사실은 진리를 탐구할 마음이 전혀 없어서 그렇습니다. 그들은 불안한 마음도 전혀 없는데, 왜냐하면 그들을 동요시킬 만큼 도전을 주거나 추구하는 일이 거의 없기 때문입니다. 아니면 그들은 생명이 없어서 고통도 느끼지 못하는 것일지 모릅니다. 불구가 되어 다리를 절며 천국에 가는 것이 자신만만하게 행진하며 지옥으로 내려가는 것보다 훨씬 낫습니다.

오 주님께서 저를 진정으로 축복하여 주시옵소서!

하나님, 만일 주님께서 저를 진정으로 축복하시기만 한다면 저는 다른 누구도 그가 가진 재능이나 그가 받은 은혜때문에 시기하지 않을 것입니다. 더군다나 그가 지닌 내면의 상태나 외적인 환경은 더욱 부러워하지 않겠습니다.

주님께서 저를 위로해주시지 않으면 저는 위안을 얻지 못할 것이며, 그리스도만이 나의 평안이 되고 다른 평안은 없습니다. 그리스도의 희생 제물에서 피어나는 향긋함이 주는 안정 말고는 그 어떤 안정도 취할 수 없을 것입니다. 그리스도만이 나의 전부이며 다른 어느 것도 주님을 대신할 수 없습니다.

부디 여러분 모두 자신의 판단으로 피상적이고 겉만 그럴듯한 축복에 매달리지 말고 우리에게 꼭 필요한 참된 축복을 주시는 하나님께 모든 것을 맡기시기 바랍니다.

4) 선교와 봉사

우리가 선교와 봉사를 할 때도 언제나 〈오! 주님께서 저를 진정으로 축복하여 주옵소서〉라고 기도하는 마음으로 해야 합니다.

물론 모든 판단은 하나님께서 하실 테지만, 가끔 어떤 사역자들이 하나님의 일을 한다고 하면서 너무 가식적이고 비현실적인 행동을 하는 것을 보면 참으로 안타까울 뿐입니다.

어떤 이들이 불과 이틀이나 사흘 동안 짜인 과정을 통해 교회를 세우려고 시도하는 것을 보면 정말 충격적일 뿐입니다. 그들은 신문 모퉁이에 〈죄를 고백한 자 43명〉, 〈의로워진 자 46명〉이란 식으로 보고하듯 기사를 내보내며 심지어는 〈성화된 자 38명〉이라고까지 말하기도 합니다. 저는 그들이 어떠한 기준을 적용하여 통계를 냈는지 도무지 이해할 수가 없습니다.

저는 그런 식으로 신속하게 사람들을 불러 모아 갑작스럽게 많은 수의 인원이 동원되는 예배 모임들을 유심히 지켜보곤 하였습니다. 그런데 그렇게 모인 사람들은 지금 어떻게 되었습니까? 그렇게 급하게 세워진 교회들이 현재 어디에 남아 있습니까?

소위 〈부흥사〉라 불리는 이들이 그들만의 특허 받은 복음의 비료로 비옥하게 만들려고 했던 곳은 이제 기독교계의 가장 황량한 사막처럼 되어 버렸습니다. 교회 전체가 무언가를 쫓아 전력을 다해 달려가다가 온 힘을 소진해 버린 듯합니다. 그리고 그 끝에는 아무것도 없었습니다.

그런 사역자들은 나무로 된 집을 짓고 그 위에 건초들을 뒤덮어 그루터기 같은 첨탑을 하늘 높이 쌓아 올렸지만, 작은 불씨 하나에 모든 것이 연기 속에 사라지고 말았습니다. 그리고 그런 위대한 건축가의 후임으로 온 사역자는 새롭게 선한 일을 시작하기 위해서 먼저 잿더미를 쓸어내야만 합니다.

하나님을 섬기는 사람은 언제나 〈오, 주님께서 저를 진정으로 축복하여 주시옵소서〉라고 기도하는 마음으로 일해야 합니다. 서두르지 말고 천천히 터벅터벅 걸으십시오.

일평생 단 하나의 돌만 쌓는다고 해도 그 돌이 금이나 은, 보석으로 된 것이라면 그것은 굉장히 의미 있는 일이 될 것입니다. 그처럼 귀한 것으로 만들어졌다면 비록 눈에 잘 띄지 않는 작은 모퉁이라 해도 매우 가치 있는 일입니다. 비록 많은 사람의 입에 오르내리지는 못할지라도 그 일의 결과는 영원히 지속할 것입니다. 그리고 영원히 지속한다는 것이 하나님의 일을 할 때 가장 중요한 점입니다.

> 우리 손으로 하는 일을 우리 위에 견고히 세워주소서. 오, 우리 손으로 하는 일을 견고히 세워주소서. (시 90:17)

만일 우리가 세우는 교회가 영원히 지속할 만큼 견고한 것이 아니라면 우리가 하는 일은 하나님의 일이 아니며 아무런 의미도 없습니다. 하나님께서 세우신 교회는 영원토록 견고히 바로 설 것이지만 사람의 힘으로 지은 것은 반드시 허물어질 것이기 때문입니다.

> 오 주님께서 저를 진정으로 축복하여 주시옵소서!

주일학교 교사 여러분, 이 기도를 여러분의 것으로 삼으십시오. 노방전도 하시는 여러분, 지역 교회의 설교자 여러분, 사랑하는 형제자매 여러분, 여러분이 하고 계시는 사역이 무엇이든 조금만 서리가 내리고 추위가 닥쳐도 금세 부스러지는 가짜 재료를 사용한 엉터리 건축가가 되지 않게 해달라고 주님께 간절히 구하시길 바랍니다. 여러분이 대형 교회를 세우지는 못해도 하나님께서 쌓아올리시는 영원한 세계를 위해 하늘의 별들보다도 더 오래갈 웅장한 성전의 극히 작은 일부분이라도 여러분 손으로 쌓게 해달라고 기도하십시오.

하나님의 진정한 축복

설교를 마치기 전에 한 가지 더 언급할 것이 있습니다. 하나님의 은혜로 말미암은 축복이야말로 우리가 열심을 다해 추구해야 하는 진정한 축복이란 것입니다. 이 축복에 대해 자세히 살펴봅시다.

그리스도께 인도하는 것

진정한 축복은 그리스도의 못 박힌 손으로부터, 갈보리의 피묻은 나무로부터 비롯된 축복이며 이것 덕분에 여러분이 용서를 받고 하나님께 받아들여지고 영적인 삶을 살고 그리스도와 하나가 되며 그 밖의 모든 것을 누리게 됩니다. 이것이야말로 진정한 축복입니다.

또, 성령님께서 여러분의 영혼을 다루시면서 일어난 일이라면 어느 것이든 진정한 축복입니다. 비록 그 때문에 여러분이 헐벗고 초라해지고 심지어 죽기까지 할지라도 그것은 결국 진정한 축복이 됩니다. 여러분의 영혼이 깊게 파이고 상처를 입고 불구처럼 되고 죽음에 이르게 되더라도 하나님의 영께서 하신 일이라면 그것은 진정한 축복입니다.

만일 성령님께서 여러분을 〈죄에 대하여, 의에 대하여, 심판에 대하여 책망하신다면〉(요 16:8) 심지어 아직 그리스도께로 인도받지 못하고 헤매는 중에 있더라도 그것은 진정한 축복이라 할 수 있습니다. 성령님께서 여러분의 영혼에 무엇을 하시든 의심하지 말고, 다만 그분께서 여러분의 영혼에 진정한 축복의 수술을 계속해서 집행하도록 기도하십시오.

이처럼 여러분을 하나님께로 인도하는 것이라면 무엇이든지 진정한 축복이라 할 수 있습니다. 물질적인 부유함은 그렇게 못 할 것입니다. 오히려 그것이 여러분과 하나님 사이에 황금으로 된 벽을 세울지도 모릅니다. 건강도 그렇게 하지 못할 것입니다. 여러분의 육체적인 힘과 뼈의 골수를 사용해 하나님으로부터 멀리 도망갈지도 모릅니다.

하지만 여러분을 그분께로 더 가까이 나아오게 하는 것이라면 무엇이든지 진정한 축복이 될 수 있습니다. 여러분의 삶을 고단하게 하는 십자가가 있습니까? 만일 그 십자가가 여러분을 하나님께로 더 가까이 나아오게 하는 것이라면 그것이야말로 진정한 축복입니다.

앞으로 있을 영원한 삶을 준비하게 하는 것, 우리가 요단 강 건너로 가지고 갈 수 있는 것, 넘쳐나는 홍수의 물결 건너편 들판 위에 피어나는 거룩한 기쁨, 영원토록 진리의 대기가 될 구름 한 점 없이 순수한 형제의 사랑, 이런 것들이야말로 진정한 축복입니다. 영원히 변하지 않을 도장이 새겨진 이러한 종류의 것들이 진정한 축복입니다.

하나님께 영광 돌리는 것

또, 우리가 하나님께 영광을 돌릴 수 있도록 도와주는 것이라면 무엇이든 진정한 축복이 될 수 있습니다.

만일 병에 걸렸지만 그것 때문에 더욱 하나님을 찬양하게 되었다면 그것은 진정한 축복입니다. 만일 가난해져서 부유했을 때보다 그분을 더 잘 섬길 수 있다면 그것은 진정한 축복입니다. 만일 조롱을 당하여도 그것이 그리스도를 위한 것이라면 저는 기뻐하며 춤출 것입니다. 그러한 조롱은 진정한 축복입니다.

우리는 믿음을 통해 가면 아래 감추어진 진정한 축복의 아름다운 모습을 볼 수 있습니다. 그리고 여러 가지 시험을 겪는 것을 예수님과 그분께서 약속하신 상급을 위해 〈온전히 기쁘게〉 여깁니다. (약 1:2)

우리를 진정으로 축복하여 주옵소서!

삶에 적용하기

이제 세 가지 당부의 말씀을 드리고 마무리하겠습니다.

분별 하십시오

여러분이 받은 축복이 진정한 축복인지 아닌지 분별하십시오. 하나님께서 주신 은혜의 증표이며 우리를 구원하시려는 목적이 담긴 진심이라 생각되지 않으면 절대로 그것에 만족하지 마십시오.

저울질 하십시오

여러분이 가진 것이 무엇이든지 그것의 가치를 저울에 달아보고 여러분에게 임한 은혜를 참고하여 그것이 진정한 축복인지 판별하십시오. 그 은혜는 여러분을 사랑이 넘치게 하고 모든 선한 말과 행실로 풍성하게 할 것입니다.

기도 하십시오

하나님께서 여러분에게 무엇을 주시든지, 혹은 취하시든지 그것이 진정한 복이 되도록 기도하십시오.

기쁜 날을 보내고 계십니까? 그리스도께서 여러분의 기쁨에 풍미를 더하고 여러분을 그분과 가까이 동행하지 못하도록 이끄는 세속적인 행복의 독소에 취하지 않도록 막아주시기를 기도하십시오.

슬픔의 밤에 주님께서 여러분을 진정으로 축복해주셔서 쓴 뿌리의 독소에 물들지 못하게 해주시고 그 고통 때문에 여러분이 주님에게서 멀어지지 않도록 기도하십시오.

때로는 풍족함의 축복을 주셔서 하나님께서 주시는 기쁨에 모든 관심을 쏟을 수 있게 해주시고, 또한 부족함의 축복도 주셔서 비록 여러분의 창고가 물질로 풍부할 때에도 언제나 가난한 마음을 간직할 수 있도록 기도하십시오.

주께서 친히 가지 아니하시려거든 우리를 이곳에서 올려보내지 마옵소서. (출 33:15)

오 주님께서 저를 진정으로 축복하여 주시옵소서!

스펄전의 회심

찰스 스펄전

옮긴이의 글

이 글은 찰스 스펄전 목사님의 자서전 중에서 처음 회심했을 때의 부분을 발췌한 것입니다.

〈죄인의 회심〉이란 주제만큼 모든 성도에게 공감되고 감동을 주는 것이 또 있을까요? 예수 그리스도를 구주로 삼고 하나님께로 돌아온 사람들의 간증을 들어보면 하나같이 각본 없는 드라마처럼 감동을 주지 않는 것이 없습니다. 설교의 황태자라 불리는 스펄전은 경건한 믿음의 집안에서 모태신앙으로 태어났지만, 그도 그리스도를 바라보고 온전한 구원을 얻기까지는 많은 우여곡절이 있었습니다. 그런 것을 보면 진정한 회심이란 인간의 노력으로 되는 것이 아니라 전능하신 하나님의 은혜와 섭리로만 이루어질 수 있다는 것을 다시 한 번 확신하게 됩니다. 이 〈회심〉이야말로 기독교의 핵심이며 거의 모든 것이라 해도 과언이 아닐 것입니다.

스펄전은 회심을 이야기하면서도 〈원죄와 대속의 비밀〉, 〈이신칭의〉, 〈구원의 확신〉, 〈성화의 단계〉 등 쉽지 않은 신학 주제를 간결하고 명확하게 정리해주고 있습니다. 무엇보다 예수 그리스도를 향한 넘치는 사랑을 전반에 걸쳐 느낄 수 있어서 〈나는 얼마나 주님을 사모했나?〉라는 도전을 받기도 합니다. 여러분도 이 글을 통해 주님을 처음 만났던 그때의 감격을 되새기며, 쉽게 무덤덤해질 수 있는 주님과의 첫사랑을 회복하는 계기가 되었으면 좋겠습니다.

잊지 못할 그날의 환희

저는 때때로 어떤 이들이 사람들 앞에서 자신이 회심하게 된 경위와 그 뒤의 영적인 삶을 자랑하듯 간증하는 모습을 보며 기분이 상할 때가 있습니다. 그들은 회심하기 전에 얼마나 악한 짓을 하고 다녔는지 마치 자랑하듯 떠벌립니다. 하나님의 사랑을 잠깐 언급하기는 하지만 감격에 벅차 눈물을 흘리는 일은 별로 없습니다. 오히려 하나님을 높여드리는 만큼 자기도 함께 높아지려고 합니다.

제가 앞에 서서 간증하게 된다면, 글쎄요, 그렇게까지 자신 있는 태도로 말하지는 못할 것 같습니다. 회심하기 전의 제 모습을 떠올린다면 그저 부끄럽고 비통한 심정에 휩싸여 제대로 이야기하는 것조차 힘겨워할 것이기 때문입니다. 그리고 제가 구원받을만한 자격이 전혀 없는 존재였다는 사실을 다시금 되뇌며, 그런 저를 구원하신 하나님의 놀라우신 은혜를 기뻐하고 찬양하는 데 대부분 시간을 할애할 것입니다.

언젠가 〈회심〉을 주제로 설교할 때, 마치 무슨 수학 공식을 가르치는 듯이 지루하고 무미건조하게 느껴졌을 때가 있었습니다. 사실 많은 설교자가 이와 같은 경험을 했을 것입니다. 너무 많이 반복해서 설명한 탓에 이제는 〈회심〉이란 말에 아무런 감동도 느껴지지 않는 현상을 말입니다. 그런데 갑자기 이런 생각이 머릿속을 스치고 지나갔습니다.

왜 그러느냐, 이 불쌍하고 길 잃은 죄인아. 네가 받았던 그대로 전하거라. 네가 느꼈던 그대로 하나님의 은혜에 대해 말해 보거라.

순간 왜인지 모르게 눈물이 흘러넘쳤습니다. 그리고 꾸벅꾸벅 졸던 이들이 하나둘 고개를 들어 설교에 귀를 기울이기 시작했습니다. 아마도 제 이야기에서 진정성이 느껴졌나 봅니다. 물론 그중에 몇몇은 아직 회심을 경험하지 않아서 제대로 공감하지는 못했을 것입니다. 하지만 그런 이들조차 제가 아무런 꾸밈이 없는 진짜 사실을 말하고 있다고 느꼈는지 사뭇 진지한 태도로 경청하였습니다.

사랑하는 성도 여러분, 구원받은 그날을 기억하십니까? 주님을 처음으로 만난 그 빛나고 영광스런 날을 아직 기억하고 계십니까? 그날이 어떤 날입니까! 무거운 짐을 벗어 던지고 생명책에 이름이 적히고 완전한 구원을 얻은 기쁨에 취해 평안한 마음을 안고 집으로 돌아갈 수 있었던 바로 그날입니다! 저는 그날을 결코 잊을 수가 없습니다.

어두운 사망의 그늘에서 족쇄에 매여 질병과 채찍질로 고통당하며 죽어가던 제게 예수님께서 찾아오셨습니다. 제 눈은 그분을 뵈었고 질병은 치유되고 고통은 사라지고 사슬은 풀리고 감옥 문이 활짝 열리고 어둠이 물러가고 광명이 찾아왔습니다.

저는 넘치는 기쁨에 어쩔 줄 모르며 말로 표현할 수 없는 희열에 기뻐 춤추고 노래하며 크게 소리쳤습니다. 지금까지도 주님을 처음으로 만난 그 순간의 환희를 능가할만한 즐거움은 아무것도 없습니다.

사실 회심의 순간을 자세히 묘사하기란 좀처럼 쉬운 일이 아닙니다. 차라리 장편의 시를 한 단어로 요약하거나 몇 시간짜리 교향곡을 한 음절로 줄이는 것이 더 쉬운 일일지도 모릅니다. 제가 회심했던 순간을 정금에 비유한다면 그 외의 나머지 모든 날은 불순물 찌꺼기와 같을 것입니다. 이스라엘 백성에게 유월절의 밤은 많은 시와 노래의 주제로 사용될 만큼 잊지 못할 순간이었습니다. 이와 마찬가지로 저에게 예수님을 만나 죄에서 해방되고 의로워진 회심의 날은 결코 잊지 못할 순간입니다. 다른 날의 기억은 오래된 동전의 표면처럼 점차 닳아 없어져 희미해질 것입니다. 하지만 회심의 순간만큼은 마치 조폐소에서 어제 찍혀나온 동전처럼 언제나 뚜렷한 모습으로 기억에 남을 것입니다.

기억이란 녀석은 소중한 추억을 언젠가 하나둘 흘려버릴테지만 속죄의 순간만큼은 무덤에 내려갈 때까지 절대 놓치지 않을 것입니다. 갤리선에 갇혀 노를 젓던 노예는 발목의 족쇄가 풀리던 날을 혹여 잊어버릴지 모릅니다. 사형 선고를 받은 반역 죄인은 극적으로 사면 받아 목숨을 부지했던 날을 잊어버릴지 모릅니다. 물에 빠져 허우적대던 선원은 깊은 바다에서 기적적으로 구조된 날을 잊어버릴지 모릅니다. 하지만 저는 죄에서 용서받은 완전한 속죄의 그날을 결코 잊어버릴 수 없습니다.

매일 저를 지켜주는 천사가 있을 테지만 그날은 마하나임의 야곱처럼 수많은 천사의 무리를 만난 것 같았습니다. (창 32:1~2) 매일 아침 볼 수 있는 태양이지만 그날 아침의 태양은 일곱 날의 빛처럼 밝았습니다. 마치 이 지상에서 천상의 하루를 살며 천국의 기쁨을 맛보는 것처럼 그날은 제 생애 가장 행복했던 순간이었습니다. 두려움, 짜증, 원망은 저 멀리 쏜 살같이 달아났고 그 빈자리는 말할 수 없는 기쁨과 신성한 환희로 가득 찼습니다.

대속에 담긴 놀라운 의미

성령님의 손에 붙들렸을 때 저는 죄에 대한 강한 확신이 들었고 하나님의 공의로우심을 민감하게 느끼게 되었습니다. 다른 사람은 어떨지 몰라도 제게는 죄가 도저히 짊어질 수 없는 짐처럼 여겨졌습니다. 지옥에 떨어지는 것보다 죄 그 자체가 두려웠습니다. 또, 하나님의 거룩하신 이름과 도덕적인 기준이 혹여 저 때문에 손상되지는 않을까 하는 염려를 하게 되었습니다. 용서받을 자격이 전혀 없는 저를 하나님께서 아무런 대가 없이 용서하신다는 사실을 도저히 받아들일 수 없었습니다. 그리고 스스로 이런 질문을 하였습니다.

> 이처럼 죄악 된 내게 벌을 내리지 않고 오히려 의롭다는 판결을 내리신다면 그런 하나님을 어찌 정의롭다고 말할 수 있겠는가?

저는 이 문제를 놓고 골머리를 썩였지만 도저히 답을 찾아낼 수 없었습니다. 지금 생각해봐도 인간의 지혜로는 절대 만족스러운 답을 찾지 못했을 것입니다. 그러므로 〈대속의 교리〉야말로 성경이 〈인간의 지혜〉로 쓰인 것이 아니라 〈하나님의 감동〉으로 쓰인 책이라는 가장 확실한 증거 중 하나입니다. 의로운 통치자가 불의한 반역자를 대신해 죽는다는 개념을 인간의 머리로 상상이나 할 수 있겠습니까? 이것은 절대로 인간이 만들어낸 신화나 시인이 상상으로 꾸며낸 꿈같은 이야기가 아닙니다. 이런 대속의 방식이 인간에게 알려질 수 있었던 단 한 가지 이유는 바로 그것이 사실이기 때문입니다. 이것은 인간이 상상으로 지어낼 수 있는 차원을 넘어선 개념으로 하나님께서 직접 제정하신 것입니다.

예수님께서 희생하심으로 구원을 베푸신다는 이야기는 어린 시절부터 들어왔지만, 저는 마치 오지의 아프리카 부족에서 태어난 아이처럼 그 의미를 제대로 이해하지 못했습니다. 빛이 거기에 있었으나 저는 볼 수 없었습니다. 주님께서 직접 도와주시지 않았다면 저는 도저히 구원의 비밀을 제대로 깨달을 수 없었을 것입니다.

정의로우신 하나님께서 불의한 죄인에게 의롭다는 판결을 내리시려면 반드시 그 죄인을 대신할만한 대속물이 필요했습니다. 그리고 우리를 대신해 벌을 받으려고 예수님께서 우리의 대속물이 되신 것입니다. 이 교리는 제가 어렸을 때부터 귀에 못이 박일 정도로 들어왔지만 제가 진실로 회심했을 때는 마치 한 번도 들어본 적이 없었던 것처럼 새로운 의미로 다가왔습니다. 저만 그런 것이 아니라 분명 하나님의 자녀로 새롭게 태어난 사람이라면 누구나 우리 주 예수님께서 우리를 위한 대속물이 되셨다는 영광스런 교리가 그동안 깨닫지 못했던 전혀 새로운 이야기처럼 느껴진 경험이 있을 것입니다.

저는 마침내 죄인의 구원이 누군가 대신 희생함으로 가능하다는 원리를 이해하게 되었습니다. 게다가 하나님께서는 그 희생 제물을 처음부터 미리 준비해 두셨습니다. 하나님께서는 자기 아들이며 성부 하나님과 동등하시고 영원히 함께 계시는 예수 그리스도를 오래전에 맺으신 언약으로 선택된 사람들의 우두머리로 세우셨습니다. 따라서 예수님은 그들의 대표로서 대신 고통을 짊어지신 것입니다.

우리의 첫 번째 대표였던 아담이 타락했을 때 우리 역시 그 안에서 함께 타락하였습니다. 그 덕분에 두 번째 대표이신 예수님께서 우리 모두를 회복시키실 수 있는 것입니다. 예수님께서는 자기 백성의 약속된 우두머리로서 두 번째 아담이 되셨습니다. 저는 태어나기 전에 이미 조상 아담의 범죄로 함께 타락하였다는 점을 알고 있었으며 그래서 오히려 기뻐했습니다. 왜냐하면 그래야만 율법적인 관점에서 두 번째 대표이신 예수님과 함께 회복될 수 있기 때문입니다. 아담 한 명 때문에 함께 타락했다는 사실이 또 다른 아담이신 예수님 한 분 때문에 함께 용서받을 수 있다는 법적인 근거가 되어준 것입니다.

정의로우신 하나님께서 어떻게 불의한 저를 용서할 수 있는지

고민하던 중에 하나님의 아들이신 예수님께서 인간이 되셨다는 사실을 믿게 되었습니다. 그 귀하신 몸으로 제 죄를 짊어지시고 친히 나무에 달리셨습니다. (벧전 2:24) 주님은 제 평안을 위해 징계를 받았고 제 나음을 위해 채찍질 당하셨습니다. (사 53:5) 모두 하나님의 아들이 하신 공로였습니다. 지극히 영광스러운 주님께서 제가 받아야 할 형벌을 친히 감당하셨고 제 율법의 혐의는 모두 벗겨졌습니다. 이 사실을 근거로 정의로우신 하나님께서 제 죄악을 눈감아주실 수 있는 것입니다.

제가 천국을 바라볼 수 있는 유일한 근거는 불의한 자들을 대신해 갈보리 십자가의 대가로 얻은 완전한 속죄뿐입니다. 오로지 그것만 확고히 의존할 수 있으며 다른 어디에서도 희망의 그림자라곤 찾아볼 수 없습니다. 저는 죄를 극복하려고 스스로 노력해봤지만 실패할 수밖에 없었습니다. 그리스도께서 저를 위해 돌아가셨다는 것을 믿고 죄로 물든 제 영혼을 주님께 맡기기 전까지는 언제나 제 악한 본성에 굴복하고 말았습니다. 십자가를 알고 나서야 비로소 죄악 된 자신을 극복할 수 있는 무기를 얻은 것입니다. 십자가는 매우 강력하며 마치 베테랑

전사가 거대한 양손 검을 휘두르며 적을 쓰러지는 것처럼 죄를 무찌릅니다.

죄인들의 친구 되신 예수님을 믿는 믿음만큼 악을 무찌를 수 있는 것이 또 있을까요? 그리스도께서 경건하지 못하고 아무 힘도 없는 저를 위해 돌아가셨는데 제가 어찌 죄 가운데 머물러 있을 수 있겠습니까! 저를 구속하신 주님을 사랑하고 섬기기 위해서라도 힘써 싸워야만 합니다. 가장 친한 친구이신 예수님을 살해한 죄악과 장난치며 놀고 있을 수는 없습니다. 주님을 위해서라도 거룩해져야만 합니다. 예수님께서 죄로부터 저를 구원하시려고 죽기까지 하셨는데 제가 계속해서 죄를 지으며 산다는 것은 있을 수 없는 일입니다.

살인자의 정체

그렇게 생각하던 중, 어느 날 산책을 하다 문득 기억 속에 영원히 각인된 장소를 떠올렸습니다. 거기서 하나뿐인 가장 소중한 친구를 보았는데 그는 누군가에게 죽임을 당했습니다. 슬퍼하며 허리를 굽혀 그를 보니 그 손은 거친 쇠못으로 뚫려 있었고 발도 그처럼 찢겨 있었습니다. 죽은 얼굴은 너무도 처참해서 보고 있기가 힘들 정도였습니다. 몸은 굶주림으로 야위어 있었고 등은 채찍에 맞아 피투성이였습니다. 머리 주변에는 가시에 찔린 상처가 선명하게 보였습니다.

저는 이 친구를 너무도 잘 알고 있었기에 몸서리칠 수밖에 없었습니다. 그는 아무 잘못도 없었고 순수하고 지극히 거룩했던 이였습니다. 누가 그를 해쳤단 말입니까? 그는 아무도 해친 적이 없는데 말입니다. 평생토록 〈선한 일을 했던〉 분입니다. (행 10:38) 병든 자를 고치시고 주린 자를 먹이시며 죽은 자를 살리셨습니다. 이런 일을 한 것이 죽임을 당할 만큼 잘못되었단 말입니까?

그는 사랑 말고는 입에 담은 적도 없습니다. 그의 얼굴은 처량하고 슬픔과 고통으로 일그러졌으나, 그럼에도 사랑이 가득하였습니다. 도대체 어떤 질 나쁜 악한이 그와 같은 이의 손에 못을 박았단 말입니까!

저는 이렇게 중얼거렸습니다.

> 그 나쁜 놈들은 어디로 도망간 거지? 누가 감히 이러한 분을 죽였단 말이야?

잔혹한 압제자를 암살한 사람이라면 용서받을 수도 있을 것입니다. 극악무도한 악당을 죽인 것이라면 마땅히 받아야 할 벌을 내렸다고 할 수 있습니다. 살인자나 대역죄인을 죽인 것이라면 이렇게 말하고 끝낼 수도 있을 것입니다.

그 시체를 묻어줘라. 정의가 마침내 그에게 대가를 치렀노라.

그런데 제 하나뿐인 가장 소중한 그분이 죽임 당하다니요! 도대체 그 악당들은 어디 숨었단 말입니까? 붙잡기만 한다면 반드시 죽일 것입니다. 생각할 수 있는 모든 방식을 동원해 고통스럽게 만들 것입니다. 아, 분노와 복수심에 휩싸여 그 살인자를 찾기만 한다면 무슨 짓이라도 저지를 것만 같습니다.

그렇게 그분의 시신을 바라보고 있을 때 어디선가 발걸음 소리가 들렸습니다. 귀를 기울여보니 그 살인자가 가까이 다가오고 있다는 것을 깨달았습니다. 저는 어둠 속을 더듬으며 그자를 잡으려 애썼습니다. 겨우 그자를 발견해 잡으려고 손을 뻗었지만 붙들 수 없었습니다. 그는 제가 손을 뻗어 붙잡기에는 너무 〈가까이〉 있었기 때문입니다. 마침내 제 자신의 멱살을 부여잡고 이렇게 외쳤습니다.

　　이놈, 드디어 잡았구나!

결국, 그는 제 마음속에 있었습니다. 그 살인자는 제 가슴에 숨어 영혼 깊숙이 똬리를 틀고 살고 있었던 것입니다. 아, 그제야 저는 엉엉 울면서 죽임 당하신 주님 앞에 엎드려 제가 그 살인자를 숨겨주고 있었던 사실을 고백했습니다. 그 시신 앞에 엎드려졌을 때 저는 엄청난 죄책감에 사로잡혀 이처럼 구슬픈 찬송가를 불렀습니다.

　　바로 너구나, 내 죄여, 나의 잔혹한 죄악이여
　　네가 그분을 가장 고통스럽게 만든 자로구나.
　　나의 범죄함 하나하나가 못이 되어 찔렀고
　　나의 불신앙 하나하나가 창이 되어 찔렀구나.

주님을 십자가에 못 박으라고 외치던 군중 사이에 그 고통스러운 행진을 뒤따르며 슬피 울던 은혜 받은 영혼도 있었습니다.

갈보리 십자가를 짊어지신 구세주를 상상하며 저는 주님을 뒤따르던 경건한 여인들과 함께 슬피 울었습니다. 그 여인들이 슬피 운 것은 죄 없이 학대당하고 선을 행하다 박해받으며 사랑을 베풀다 피 흘리고 죽기까지 순종하신 주님을 위해서였습니다. 그런데 저는 그들이 흘린 눈물보다 훨씬 더 많은 눈물을 흘려야만 했습니다.

제가 지은 죄가 채찍이 되어 그 거룩한 어깨를 찢어발긴 것입니다. 제가 지은 죄가 그 머리에 가시 면류관을 씌워 피 흘리게 한 것입니다. 제가 지은 죄가 〈십자가에 못 박아라!〉라고 외쳤고 그분의 어깨에 십자가를 짊어지게 한 것입니다. 그분의 죽음 자체만으로도 영원히 슬퍼할 일이지만, 그분의 죽음이 나 때문이며 내가 바로 그 살인자였다는 사실은 무한히 솟구치는 샘처럼 쏟아지는 눈물로도 턱없이 부족할 만큼 비통한 일이었습니다.

그 여인들 역시 사랑의 눈물을 흘릴만한 충분한 이유가 있을 테지만, 저는 그보다 훨씬 더 많은 이유가 있습니다. 주님은 나인 성의 과부에게 죽은 아들을 되살려주셨지만(눅 7:11~15) 제게는 새로운 피조물이 되는 은혜를 주셨습니다. 주님은 베드로에게 장모의 열병을 고쳐주셨지만(마 8:14~15) 제게는 지독한 죄의 질병을 고쳐주셨습니다. 주님은 막달라 마리아에게서 일곱 귀신을 쫓아내 주셨지만(막 16:9) 제게서는 한 군단의 귀신을 쫓아내 주셨습니다. 주님께서 마리아와 마르다를 자주 방문하셨지만(요 11:19~45) 저와는 함께 거하십니다. 주님의 어머니는 그분의 육신을 품었지만 제게는 〈영광의 소망〉을 품게 하셨습니다.(골 1:27) 제가 받은 은혜는 이 거룩한 여인들에게 절대 뒤처지지 않으며 그만큼 감사와 슬픔도 뒤처지지 않습니다.

> 사랑과 슬픔으로 나뉜 마음으로
> 그분의 발을 눈물로 씻기리라.
> 변함없이 마음속에 자리 잡은
> 날 위해 돌아가신 주님을 위해 울리라.

윌리엄 헌팅턴이 자서전에서 고백하길, 그가 살면서 느꼈던 가장 가슴 저미던 순간은 하나님의 은혜로 깨달음을 얻고 난 후에 하나님께서 너무도 〈불쌍하게〉 느껴졌던 때였다고 말했습니다. 하나님께 〈불쌍하다〉는 표현이 다른 곳에서도 쓰였는지는 모르겠지만 어쨌든 너무 충격적인 표현이었습니다. 저는 그보다 하나님께서 그런 취급을 받은 것이 너무 안타까웠다고 말했을 것입니다.

아, 친구들에게 따돌림 당하고 무시당하는 사람이 많다고 하더라도 영원하신 하나님만큼 무시당했던 이가 또 있겠습니까! 멸시와 조롱을 당하는 사람이 많다고 하더라도 하나님만큼 멸시당했던 이는 없습니다. 잔인하게 취급당한 사람이 많다고 하더라도 하나님만큼 잔혹한 대우를 받은 이는 없습니다.

저 역시 한때 주님을 멸시했습니다. 주님께서 마음 문을 두드렸지만 저는 열어드리지 않았습니다. 주님은 아침마다 저녁마다 수없이 방문하셨습니다. 성령님을 통해 말씀하시며 제 양심을 찌르셨습니다. 벼락이 내리치듯 율법이 제 양심을 내리쳤을 때 저는 그리스도께서 잔인하고 냉정한 분이라고 오해했습니다. 아, 주님을 그토록 미워했던 자신을 도저히 용서할 수가 없습니다.

그런데 제가 찾아갔을 때 주님은 오히려 사랑으로 감싸주셨습니다! 저는 그분이 매를 치실 것으로 생각했는데 말입니다. 화가 나서 주먹을 불끈 쥐신 것이 아니라 따뜻하게 두 팔 벌려 맞아주셨습니다. 저는 주님이 번개 같은 눈으로 노려보실 것이라고 생각했습니다. 그런데 그분의 눈은 오히려 눈물로 가득했습니다. 주님은 저를 두 팔로 끌어안고 입 맞추셨습니다. 주님은 제 영혼이 기쁨의 노래를 부르게 하셨습니다. 잃어버린 아들을 되찾은 기쁨에 주님의 교회에는 즐거운 노래가 울려 퍼졌습니다.(눅 15:24)

하나님의 복음에는 설명할 수 없는 능력이 있습니다. 한때 저는 손과 발이 묶여 저항도 할 수 없는 상태로 야생마 같은 정욕에 끌려 다니며 제 영혼을 삼키려는 지옥의 늑대들에게 쫓겨 다녔습니다. 그때 어떤 힘센 손이 그 야생마를 멈추게 하고 묶인 손을 풀어 자유롭게 해 주었습니다. 이처럼 복음은 엄청난 능력을 갖추고 있습니다. 오직 복음의 능력을 체험한 사람만이 그것이 얼마나 위대한지 알 수 있을 것입니다.

한때 저는 견고하고 오래된 죄의 성에 숨어서 자신의 선행을 의지하며 살았습니다. 그때 어떤 이가 트럼펫을 불며 성문을 열라고 재촉했습니다. 저는 화가 나서 그에게 욕을 퍼부으며 절대로 들어오지 못한다고 윽박질렀습니다. 그 후에 사랑이 가득한 모습을 한 어떤 분이 나타났습니다. 그분의 손과 발에는 못 자국이 있었습니다. 그분은 거대한 망치처럼 십자가를 들어 올려 성문을 내리쳤습니다. 처음 내리쳤을 때 제가 가졌던 편견의 성문은 크게 요동하였고, 두 번째 내리치자 더욱 흔들렸으며, 세 번째에 결국 성문은 부서지고 그분께서 들어오셔서 이렇게 말씀하셨습니다.

일어나 네 발로 서라. 내가 너를 영원한 사랑으로 사랑하였노라.

(렘 31:3)

복음은 정말로 엄청난 능력을 지녔습니다! 복음은 새벽에 맺힌 이슬처럼 신선하고 반짝거리면서 그 능력과 영광은 영원합니다. 그런 복음의 능력을 성령님께서 제 마음으로 느낄 수 있도록 해주셨습니다. 복음은 저를 굴복하고 엎드러지게 할 만큼 강력했습니다.

그분의 값없이 베푸시는 은혜가

처음부터 마지막까지

나의 사랑을 독차지했고

내 영혼을 굳게 붙들었다.

진정한 회심

저는 구원받기 위해 스스로 할 수 있는 것은 아무것도 없으며 그저 그리스도를 바라보는 것만이 전부라는 사실을 깨닫고 나서야 마침내 진정으로 회심할 수 있었습니다.

저는 어린 시절부터 주변의 이야기를 주의 깊게 잘 듣는 편이었습니다. 어린아이였을 때 저는 구원의 길을 찾으려고 노력했습니다. 하지만 아무도 그것을 제대로 설명해주지 않았습니다. 어쩌면 제가 영적으로 눈이 멀고 귀가 먹어서 보거나 듣지 못했던 것일 수도 있습니다. 그래서 저는 자신을 바라보지 말고 오직 그리스도만 바라보라는 말을 들었을 때 정말 새롭고 신선해서 다른 어떤 뉴스를 들었을 때보다 더 깜짝 놀랄 수밖에 없었습니다.

성경을 읽어본 적이 있느냐고요? 물론이죠. 열심히 읽었습니다. 믿음 좋은 스승에게 가르침을 받은 적이 있느냐고요? 물론입니다. 어머니와 아버지 그리고 다른 이들에게 배웠습니다. 복음을 들어 본 적이 있느냐고요? 물론 저는 그렇다고 생각합니다. 하지만 배운 내용을 믿고 삶에 적용하는 것은 또 다른 문제였던 것 같습니다.

저는 경건한 분위기에서 가정교육을 받았고 기도하는 손길에 의해 자라났으며 예수님에 대한 노래를 들으면서 잠이 들곤 했습니다. 〈교훈에 교훈을 더하고 구절에 구절을 더하며 여기서 조금 저기서 조금씩〉(사 28:10) 복음을 듣고 또 들었습니다. 하지만 여호와의 말씀이 능력으로 임하셨을 때는 마치 문명의 손길이 닿지 않은 중앙아프리카의 원시 부족들 사이에 서 있는 것처럼 너무도 낯설었고, 모든 더러움을 씻기시는 구세주의 보혈에 대해 처음 들어본 사람이 된 것만 같았습니다.

실제로 제가 복음을 받아들이고 영혼의 구원을 얻었을 때는 혹시 제대로 된 복음을 한 번도 들어보지 못했던 것은 아닌가 의심했습니다. 그때까지 복음에 대한 설교를 전혀 들어보지 못했다고 생각하기도 했습니다. 하지만 다시 생각해보니 그런 것은 아니었습니다. 그전에도 완전한 복음을 수백 번도 더 들었지만 전혀 깨닫지 못했던 것이었습니다. 제가 회심했을 때 들었던 메시지는 그 전에 들어왔던 설교와 별반 다르지 않았습니다. 딱 한 가지 다른 점이 있었다면 바로 성령님께서 권능으로 제 귀를 열어 그 메시지가 제 마음에 꽂히도록 인도하셨다는 것입니다.

저는 다음과 같은 성경 구절을 수백 번도 더 들었습니다.

> 믿고 세례를 받는 자는 구원을 얻을 것이다. (막 16:16)

> 나를 바라보고 구원을 얻으라, 땅의 모든 끝아. (사 45:22)

> 모세가 광야에서 뱀을 들어 올린 것처럼 그렇게 〈사람의 아들〉도 들려야만 하며, 그래서 그를 믿는 자마다 멸망하지 않고 영원한 생명을 얻게 하려는 것이다. (요 3:14~15)

그럼에도 저는 믿음이 도대체 무엇인지 알 수가 없었습니다. 하지만 진짜 믿음이 어떤 의미인지 깨달은 순간, 그때까지 들어왔던 모든 말씀을 즉시 믿을 수 있게 되었습니다. 그동안 제대로 된 진리를 들어본 적이 없다고 착각했지만, 실은 진리의 빛이 여러 번 제 눈에 비쳤어도 영적으로 소경이었던 탓에 보지 못했던 것이었습니다. 그 빛은 항상 밝게 빛났지만 그것을 받아들일 수 있는 능력이 제게는 없었습니다. 제 영혼의 눈은 신성한 빛을 볼 수 있을 만큼 충분히 민감하지 못했던 것입니다.

저는 그동안 제가 지은 죄들이 용서받을 수 있다는 사실을 도저히 믿을 수가 없었습니다. 왜 그런 생각을 했는지는 모르겠지만 온 세상이 다 구원을 받더라도 나만큼은 구원받을 수 없을 것만 같았습니다. 하나님께서 저만 쏙 **빼놓고** 모두를 구원하신다고 해도 저는 당연하게 받아들였을 것입니다. 그런데 세상이 아니라 저를 구원하셨으니 정말 가당치도 않은 일입니다. 구원은 하나님의 은혜로 주어진 것입니다. 지금의 저는 이런 고백 이외에 다른 할 말이 없습니다.

나는 정말로 〈불에서 간신히 꺼낸 그슬린 나무〉로구나! (슥 3:2)

때로는 곧바로 하나님께 돌아온 사람보다 오랫동안 인내와 고통의 세월을 보내며 헤매다가 마침내 돌아온 이들이 더욱 간절하게 하나님을 사랑하는 것을 볼 수 있습니다. 그런 사람들은 남들보다 하나님의 사랑과 자비하심에 대해 더욱 열성적으로 전합니다. 존 번연이 수년 동안 마귀에게 질질 끌려 다녔던 경험이 없었다면 그처럼 감명 깊은 신앙 서적을 쓸 수 없었을 것입니다. 저는 『천로역정』의 주인공인 〈크리스천〉의 일러스트를 참 좋아합니다. 처음 『천로역정』을 읽었을 때 〈크리스천〉을 묘사한 그림에서 등에 무거운 짐을 짊어지고 있는 것을 보고 매우 가엾다는 생각을 했습니다. 그가 긴 여행을 끝내고 마침내 무거운 짐을 벗어 던졌을 때 저 또한 뛸 듯이 기뻤습니다. 그와 마찬가지로 제가 오랫동안 짊어지고 있던 죄책감의 짐을 영원히 벗어 던졌을 때도 그렇게 기뻐했습니다.

한때 저는 노아가 날려보낸 불쌍한 비둘기처럼 지친 날개를 쉴 만한 장소를 찾아 광활한 물 위를 날아다녔습니다. (창 8:6~11) 북쪽을 향해 날아가며 눈을 부릅뜨고 어둠과 안갯속에서 제 영혼의 안식처가 될만한 곳을 찾았지만 소용없었습니다. 경로를 바꾸어 다른 곳을 헤맸지만 그곳에도 쉴 곳은 없었습니다. 까마귀는 물 위에 떠다니는 익사한 시체를 안식처와 먹이로 삼은 듯하지만, 제 불쌍한 영혼이 쉴만한 곳은 전혀 없었습니다.

계속 날아다니다 바다 위를 떠다니는 배 한 척을 발견하였습니다. 바로 율법의 배였습니다. 잠시나마 그 배에서 안식을 찾을 수 있을 거라고 기대했습니다. 아, 그렇지만 그 배는 형체가 없는 유령배였습니다. 율법 아래서는 결코 쉼을 얻을 수 없었습니다. 저는 결코 모든 율법을 지킬 수 없었고 율법을 지키지 않은 영혼은 죽음을 면치 못했기 때문입니다. (겔 18:20)

마침내 저는 예수 그리스도의 배를 발견했습니다. 저는 스스로 그곳까지 날아갈 수 있으리라 생각했지만 제 날개는 너무도 연

약했고, 힘이 다 떨어지자 더 날지 못하고 떨어졌습니다. 하지만 하나님의 섭리로 제가 물에 막 빠지려고 하는 순간 배가 가까이 다가왔습니다. 그리고 예수님은 손을 뻗어 떨어지는 저를 잡으며 이렇게 말씀하셨습니다.

내가 너를 영원한 사랑으로 사랑했노라. (렘 31:3) 내가 내 멧비둘기의 영혼을 악한 자의 무리에게 넘겨주지 않았도다. (시 74:19) 들어와라. 어서!

그때 저는 입에 감람나무 잎을 물고 있었습니다. 그것은 예수님의 전능하신 능력으로 얻게 된 하나님과 인간의 평화를 상징하는 것이었습니다.

구원에 이르게 한 설교

어느 깊은 겨울날, 한 설교를 통해 하나님께서 제게 깨달음을 주셨습니다. 그날에 땅은 녹색 풀이나 꽃은 전혀 찾아볼 수 없었으며 온통 검은색으로 뒤덮여 있었습니다. 어디를 둘러봐도 덤불이나 나무는 보이지 않았습니다. 그때 하나님께서 보물과 같은 눈송이를 내려주셨습니다. 하얀 눈송이가 검은색 땅을 뒤덮어 온통 새하얗게 만들었습니다. 그날에 들었던 설교를 통해 저는 오랫동안 간절히 원했던 구세주를 마침내 만날 수 있었습니다. 그 눈 오던 날의 설교를 아직도 잊지 않고 기억합니다.

여호와께서 말씀하시되 〈이제 오거라. 우리가 함께 따져보자. 비록 너희 죄가 주홍색과 같을지라도 눈처럼 희어지리라. 그것들이 진홍같이 붉을지라도 양털처럼 되리라.〉 (사 1:18)

개인적으로 하나님께서 여러 좋은 책을 읽게 해주신 것에 감사드립니다. 특히 도드리지 박사의 『영혼에 담긴 종교심의 발단과 전개Rise and Progress of Religion in the Soul』, 벡스터의 『회심하지 않은 자를 향한 부르심Call to the Unconverted』, 알레인의 『죄인에게 주는 경고Alarm to Sinners』, 제임스의 『불안에 떨며 질문하는 자Anxious Enquirer』와 같은 책을 읽게 해주신 것에 감사드립니다. 하지만 이런 책을 읽게 해주신 것보다 더욱 감사한 것은 한 가난하고 배우지 못한 아저씨를 통해 들은 설교 말씀이었습니다. 그는 전혀 신학 교육을 받은 적이 없었습니다. 분명 변변치 못한 일을 하는 사람이었지만 하나님께서는 그를 통해 주일 아침에 이런 은혜의 말씀을 전해주셨습니다.

나를 바라보고 구원을 얻으라, 땅의 모든 끝아. (사 45:22)

물론 제가 읽었던 책들도 매우 좋았지만 그 아저씨의 설교는 훨씬 더 좋았습니다. 책은 저를 깨우쳤지만 그 설교는 저를 구원에 이르게 했습니다. 그래서 저는 늘 진리의 말씀을 〈듣는〉 것을 귀하게 여깁니다. 저 또한 진리를 〈듣고〉 기쁨과 평안을 얻었기 때문입니다.

심령이 괴로웠던 시절, 혹시 구원의 길을 발견할 수 있지 않을까 해서 제가 살던 마을에 있는 모든 예배의 자리에 참석해보기로 다짐했습니다. 하나님께서 저의 죄를 사하여주시기만 한다면 무슨 일이든 다 하려고 했습니다. 그렇게 주변의 모든 교회를 돌아다니기 시작했습니다.

한동안 그런 식으로 여러 예배에 참석했지만 헛수고였습니다. 그렇다고 그곳의 목회자를 비난하는 것은 아닙니다. 한 분은 하나님의 주권에 대해 설교하셨습니다. 저는 기쁜 마음으로 그 설교를 경청했습니다. 하지만 구원받기 위해 무엇을 해야 할지 알고 싶었던 불쌍한 죄인에게 그 숭고한 진리는 그다지 도움이 되지 못했습니다. 어떤 존경할만한 목사님은 늘 율법에 대해 설교하셨습니다. 하지만 이미 갈아엎어져 복음의 씨가 뿌려지길 기다리는 밭에 계속 쟁기질을 해봤자 무슨 소용이 있겠습니까? 어떤 목사님은 실천을 강조하셨습니다. 하지만 제게는 다리가 없는 병사에게 진격하는 법을 가르치는 장교의 말처럼 들렸습니다. 그게 무슨 소용이 있겠습니까? 그 목사님의 간곡한 말씀은 제 마음에 전혀 와 닿지 않았습니다. 저는 〈주 예수 그리스도를 믿어라, 그리하면 구원받을 것이다.〉(행 16:31)란 말씀을 잘 알고 있었지만 그리스도를 믿는다는 것이 어떤 의미인지를 알 수가 없었습니다.

그 목사님들의 설교는 교회에 모인 영적으로 충만한 사람들에게 유익한 진리였지만, 제가 알기 원했던 것은 〈어떻게 하면 내 죄를 용서받을 수 있는가?〉였습니다. 하지만 이 질문에 대한 답변은 들을 수 없었습니다. 제가 듣고 싶었던 것은 어떻게 하면 불쌍한 죄인이 죄책감에서 벗어나 하나님과 화평해질 수 있는가였습니다. 그런데 제가 들은 것은 〈자신을 속이지 마라. 하나님은 업신여김을 받지 않으시니라.〉(갈 6:7)란 말씀의 설교였습니다. 그런 주제는 저를 더욱 힘들게 하였고 마음의 평안을 가져다주지 않았습니다. 어떤 날은 의인의 영광에 대한 설교를 들었지만 제게는 해당하지 않는 내용이었습니다. 저는 마치 자녀가 먹는 음식에 손대지 못하고 식탁 밑에서 웅크리고 있는 개와 같은 처지처럼 느껴졌습니다.

그렇게 오랫동안 꾸준히 예배에 참석하며 하나님께 간절히 기도하였습니다. 아마 저처럼 열심히 설교를 경청하는 사람은 없었을 것입니다. 저는 정말로 어떻게 하면 구원받을 수 있는지 알고 싶었습니다. 그리고 바로 그날, 한 교회에 가려던 주일 아침에 하나님께서 눈보라를 보내시지 않으셨다면 지금도 저는 여전히 어둠과 절망 속에서 고통당하고 있을지도 모릅니다. 눈이 너무 많이 와서 저는 가던 길을 포기하고 옆길로 빠져 어느 한 작은 〈감리교 수구파〉(Primitive Methodist, 웨슬리의 초기 감리교 정신으로 돌아가려고 분파한 교단) 교회를 방문했습니다. 그 교회에는 열다섯 정도의 교인이 예배를 드리고 있었습니다. 〈감리교 수구파〉 사람들은 두통을 일으킬 만큼 큰 목소리로 찬양한다고 들었지만 그런 것쯤은 문제가 되지 않았습니다. 저는 그저 어떻게 구원받는지에 대해 알고 싶었고 그것만 알려준다면 두통쯤은 충분히 참을 수 있었습니다.

그 교회의 목사님은 눈 때문에 길이 막혀 나오지 못했습니다. 한참을 기다린 끝에 교인 중에 어떤 깡마른 아저씨가 설교하러 강단에 올라갔는데, 구두나 옷을 수선하는 일을 하는 사람인 것 같았습니다. 저는 지금도 좋은 설교자가 되기 위해서는 어느 정도 교육을 받는 편이 좋다는 생각에는 변함이 없지만 그 남자는 전혀 지적인 것 같지 않았습니다. 그는 그저 본문의 말씀대로 따라갔는데 아마도 그 외에 할 말이 없어서 그랬던 것 같았습니다. 그날의 본문 말씀은 다음과 같았습니다.

나를 바라보고 구원을 얻으라, 땅의 모든 끝아. (사 45:22)

그는 심지어 발음도 부정확했지만 그런 것쯤은 문제 되지 않았습니다. 저는 그저 이 본문 말씀이라면 제가 찾는 문제에 대한 답을 들을 수 있을 것 같다고 조금은 기대를 했습니다. 그 아저씨는 이렇게 설교를 시작했습니다.

여러분, 이 구절은 정말로 단순해요. 그저 〈바라보라〉고 하잖아요. 바라보는 게 뭐 힘든 일인가요. 발을 들어 올리라는 것도 아니고 손가락을 들어 올리라는 것도 아니에요. 고개를 들어 바라보라는 거에요. 바라보는 법을 배우려고 대학에 다닐 필요도 없잖아요. 바보 천치라도 바라보는 것은 할 수 있어요. 바라보기 위해 부자일 필요도 없어요. 누구든 바라볼 수 있어요. 애들도 바라보는 것은 할 수 있어요.

그리고 본문에는 〈나를 바라보라〉고 되어 있어요. 아, 대부분 사람은 자기 자신을 바라봐요. 하지만 자기를 바라봤자 아무 소용도 없어요. 어떤 사람들은 먼저 하나님 아버지부터 바라보려고 해요. 하지만 아버지는 나중에 바라보고 먼저 예수 그리스도를 바라보아야 해요. 어떤 사람은 성령님께서 역사하시길 기다려야 한다고 해요. 하지만 그건 여러분이 지금 신경 써야 할 일이 아니에요. 그리스도를 바라보세요. 오늘 본문에 〈나를 바라보라〉고 되어 있잖아요.

그리고 그 아저씨는 이렇게 이어나갔습니다.

나를 바라보라. 나는 보혈의 피를 흘렸도다. 나를 바라보라. 나는 십자가에 매달렸노라. 나를 바라보라. 나는 죽어 장사 되었노라. 나를 바라보라. 나는 다시 부활했노라. 나를 바라보라. 나는 하늘로 올라갔노라. 나를 바라보라. 나는 아버지 우편에 앉아있노라. 오 불쌍한 죄인아, 나를 바라보라! 나를 바라보라!

그렇게 십여 분 정도 설교를 하고 나니 할 말이 떨어진 듯했습니다. 그러자 그는 좌석에 앉아 있던 저를 쳐다보았습니다. 그곳에는 교인이 얼마 없었던 탓에 그날 처음 나온 제가 눈에 띄었을 것입니다. 그는 마치 제 마음을 전부 알고 있다는 듯이 뚫어지게 쳐다보더니 이렇게 입을 열었습니다.

젊은이, 꼴이 정말 형편없구먼.

물론 당시의 제 모습이 형편없었던 것은 사실이지만 그래도 강단에서 대놓고 외모에 대해 언급해서 적지 않게 당황했습니다. 하지만 그 덕분에 저는 정신이 번쩍 들었습니다. 그는 계속해서 말했습니다.

자네는 앞으로도 그렇게 비참할 것이야. 비참하게 살다가 비참하게 죽겠지. 자네가 오늘 말씀에 순종하지 않는다면 말일세. 하지만 이제라도 순종한다면, 지금 이 순간 자네는 구원을 받을걸세.

그러더니 그는 두 손을 번쩍 들고 〈감리교 수구파〉 사람들만 낼 수 있을 것 같은 엄청나게 큰 목소리로 이렇게 외치기 시작했습니다.

젊은이, 예수 그리스도를 바라보게. 봐! 보란 말이야! 다른 것은 할 필요가 없어. 그냥 바라보면 살 것이야!

저는 그 즉시 구원의 길을 보았습니다. 그 이후로 그가 무슨 말을 했는지는 기억나지 않습니다. 오직 한 가지 생각만이 머릿속에 맴돌았습니다. 그것은 마치 광야에서 놋뱀이 들렸을 때와 비슷했습니다. 사람들은 그저 그것을 바라보기만 하면 치유되었습니다. (민 21:6~9) 제 경우도 바로 그러했던 것입니다. 저는 구원받기 위해 수많은 것을 해야만 할 것으로 생각했는데 그저 〈바라보기〉만 하면 된다니 얼마나 매력적인 말입니까! 저는 눈

알이 빠질 정도로 바라보고 또 바라보았습니다.

그제야 먹구름이 물러가고 햇빛을 볼 수 있었습니다. 그날에 저는 그리스도의 보배로운 피와 그분을 단순히 바라보는 믿음에 대해 그 자리에 있던 다른 모든 〈감리교 수구파〉 사람들보다도 더욱 크고 열정적으로 찬양을 불렀습니다.

아, 그전에도 물론 〈그리스도를 믿으면 구원을 받을 것이다〉란 말을 들었지만 그때는 깨닫지 못하였습니다. 하지만 이제는 이렇게 말할 수 있습니다.

> 믿음으로 그 생명수를 보았네
> 주님의 상처에서 흘러나오는…….
> 속죄의 사랑이 내 주제가 되었네
> 죽을 때까지 그 사랑을 말하리라.

구원의 기쁨

제가 그리스도께 나오기 전에는 어떠한 만족도 느낄 수 없었습니다. 제가 아직 아이였을 때 저는 몸이 매우 안 좋았습니다. 지금의 그 어느 때와 비교하더라도 그때는 더욱 병약하고 왜소하였습니다. 물론 저 혼자 그렇게 생각하는 것일지도 모르지만 아마 다른 사람들도 저를 그렇게 생각했을 것입니다.

젊은 시절의 저는 세속적인 기쁨과 행복이 그저 덧없고 허무하게만 느껴졌습니다. 그런데 예수님께 제 영혼을 맡긴 이후로는 굳건한 기쁨과 평안을 누릴 수 있었습니다. 그래서 저는 주님의 발에 매달린 그 기쁨의 날을 결코 잊을 수 없습니다. 아무 자격도 없는 저를 하나님께서는 말씀을 통해 그리스도의 십자가로 인도하셨습니다. 저는 그 기쁨을 도저히 말로 표현할 수가 없어 뛰고 춤추며 정신이 나간 것처럼 날뛰었습니다.

하나님의 백성으로 살아온 많은 날 동안 그때만큼 기쁨에 들뜬 날은 없었던 것 같습니다. 그때는 예배 도중에 자리에서 튕겨 일어나 큰 소리로 이렇게 외칠 것만 같았습니다.

>나는 용서받았다! 나는 용서받았다! 놀라운 은혜여! 보혈의 피로 죄인이 구원받았다!

제 영혼을 묶고 있던 사슬은 산산이 조각났습니다. 저는 해방되었고 천국의 상속자이며 용서받은 자이며 예수 그리스도께 인정받은 자가 되었습니다.

>그가 나를 무서운 구덩이에서 꺼내주셨고 더러운 수렁에서 건져

주셨으며, 내 발을 반석 위에 세우시고 나의 갈 길을 견고케 하셨도다. (시 40:2)

집으로 돌아가는 내내 춤을 출 것만 같았습니다. 존 번연이 경작지의 까마귀들에게 그가 회심한 이야기를 해주고 싶어했던 기분을 조금은 이해할 수 있을 것 같습니다. 아마 너무도 가슴이 벅찬 나머지 누군가에게라도 말하지 않으면 안되었을 것입니다.

물론 모든 사람이 자기가 구원받은 날과 시간을 기억하는 것은 아닙니다. 하지만 저는 리처드 닐이 그랬던 것처럼 그날을 생생하게 기억합니다. 그는 이렇게 말했습니다.

바로 그날 그때, 리처드 닐이 다시 태어난 것을 축하하며 천국의 모든 하프가 울려 퍼졌다.

하나님께서 정하신 바로 그때가 이르자 제 영혼은 죄로부터 해방된 것입니다. 예배당에 들어섰던 열 시 반부터 집으로 돌아오던 열두 시 반 사이의 짧은 시간 동안 제게는 엄청난 변화가 일어났습니다. 저는 그때 어둠에서 벗어나 광명에 이르렀고 죽음에서 벗어나 생명에 이르렀습니다. 그저 예수님을 바라만 보는 것으로 절망에서 빠져나올 수 있었습니다. 기쁨에 겨운 모습으로 집에 돌아오자 가족들이 제게 이렇게 말했습니다.

뭔가 놀라운 일이 생겼나 보구나!

저는 제게 일어난 일을 말하고 싶어서 견딜 수가 없었습니다. 부모님은 큰아들이 구주를 만나고 용서받았다는 말을 듣고 매우 기뻐하셨는데, 세상의 다른 어떤 기쁜 일과도 비교할 수 없을 정도로 크게 기뻐하셨습니다.

네, 저는 예수님을 바라보고 그분을 제 구주로 삼았습니다. 여호와의 영원하신 계획에 따라 그렇게 되도록 확정된 것입니다. 그전까지는 이 세상에 저처럼 비참한 사람은 없다고 생각했지만, 그 순간부터는 오히려 저처럼 행복한 사람은 없다고 생각되었습니다. 마치 번개처럼 짧은 순간에 일어난 일이었지만 절대로 되돌려지지 않을 큰 변화였습니다. 위대한 대속물이신 예수 그리스도께서 제 모든 죄를 영원히 없애시는 것을 보고 자유를 만끽하며 기뻐하였습니다. 저는 나무에 달려 피를 흘리시는 그분을 바라봤습니다. 그분은 사랑이 가득 담긴 눈길로 저를 지극히 바라보셨고 제게 구원의 확신을 심어주셨습니다.

예수님을 바라보며 멍든 제 영혼은 치유되었고 벌어진 상처는 아물었으며 부러진 뼈는 다시 붙었습니다. 제 수치스러움을 가리던 넝마는 모두 제거되고 북극의 눈처럼 티 없이 새하얀 옷이 저를 덮었습니다. 나무에 달리신 주님께서 저를 구원하시고 씻기시고 용서하셨습니다.

> 주님, 저는 주님께서 어찌 그런 십자가의 죽음을 허락하셨는지 이해할 수 없습니다. 영원 전부터 빛나는 별들의 면류관을 쓰셔야 마땅할 주님께서 어찌 가시 면류관을 허락하셨는지 이해할 수가 없습니다. 어째서 영원한 왕국의 영광스런 망토를 벗어 던지실 수 있었는지 이해할 수 없습니다. 그보다 더 이해할 수 없는 것은 로마 병정들이 주님을 자칭 왕이라 놀리며 보라색 옷을 입

히고 절하며 조롱했던 것을 참아내신 것입니다. 어찌해서 실오라기 하나 안 걸치고 벌거벗겨진 채로 수치를 겪으시고 흉악범과 함께 죽임을 당할 수 있었는지 도저히 이해할 수가 없습니다. 아, 주님께서는 이 모든 고통을 저 때문에 겪으셨습니다. 주님의 사랑은 너무도 놀라워서 〈여인의 사랑보다 더욱 큽니다!〉(삼하 1:26)

주님이 겪으신 고통과 같은 것이 또 있을까요? 그 고통의 문을 여신 주님의 사랑만큼 큰 것이 또 있을까요? 고통의 바다를 밀어낼 만큼 그처럼 위대한 사랑의 샘이 또 있을까요?

주님의 피 흘린 손과 가시 면류관을 쓴 이마만큼 소중한 것은 이제 없습니다. 가정, 친구, 건강, 부, 안정, 이 모든 것이 주님이 나타나셨던 날에 빛을 잃었습니다. 마치 태양이 떠오르면 별빛은 보이지 않는 것처럼 말입니다. 주님은 유일하신 구주이며 가장 큰 기쁨을 주시는 분이시며 영원히 솟아나는 생명의 샘이십니다. (요 4:14)

십자가에 달리신 주님을 보며 그분의 고통과 죽음을 깊이 묵상하고 있으니 주님께서 사랑이 가득한 눈으로 저를 내려다보시는 것처럼 느껴졌습니다. 그때 저는 그분을 바라보며 이렇게 외쳤습니다.

제 영혼의 사랑이신 예수님, 제가 주님 품으로 날아가게 해주소서.

주님께서 〈오라〉고 하셨고 저는 즉시 날아가 주님께 안겼습니다. 그때 저는 제 무거운 짐들이 어디로 갔을까 궁금해졌습니다. 그것들은 모두 사라졌습니다! 그 짐은 모두 무덤에 묻혔고 저는 공기처럼 가벼움을 느꼈습니다. 날개 달린 바람처럼 고통과 절망의 산을 넘어 날아갈 수 있을 것만 같았습니다. 얼마나 자유롭고 기쁜지 모릅니다! 제가 용서받고 죄로부터 자유로워지다니 너무 기뻐서 이리저리 뛰어다닐 것만 같았습니다.

아가서에 등장하는 여인처럼 저는 〈내가 그를 찾았다〉고 말할 수 있을 것 같았습니다. (아 3:4) 어린아이였던 저는 영광스런 주님을 찾았습니다. 죄의 노예였던 저는 위대하신 구속자를 찾았습니다. 어둠의 자식이었던 저는 생명의 빛을 찾았습니다. 잃어버린 자였던 저는 구세주이신 하나님을 찾았습니다. 쓸쓸한 과부였던 저는 제 친구이며 연인이며 남편이신 분을 찾았습니다.

아, 제가 용서받다니 이 얼마나 놀라운 일인지 모릅니다! 용서를 받았다는 사실보다 주님께서 용서하시기 위해 저를 찾아온 것이 더욱 놀라웠습니다. 그렇게 더러운 죄를 주님께서 말끔히 씻기신 것이 정말 놀라웠습니다. 그렇게 고통스러웠던 양심의 가책을 말끔히 없애시고 요동치던 제 영혼의 파도를 잠재워 고요한 강물처럼 만드신 주님의 능력이 경이로울 따름입니다.

그날이 눈보라가 치던 암울한 날씨였든 맑은 날씨였든 상관없었습니다. 어쨌든 저는 그리스도를 만났고 그걸로 충분했습니다. 그분은 제 구주가 되시고 제 모든 것이 되셨습니다. 5년 동안 죄책감에 휩싸여 고통 받았던 것은 그날 하루 만에 모두 보상받았습니다. 밤마다 두렵게 하고 낮에는 바짝 긴장하게 하였던 과거의 무서운 날들이 오히려 감사하게 생각되었습니다. 그 때문에 더욱더 큰 기쁨을 만끽할 수 있었기 때문입니다. 지금은 저를 힘들게 하는 문제가 생기면 오히려 하나님께 감사를 드립니다. 그런 문제는 이제 저를 정죄하지 않으며 오히려 교만하지 않고 겸손하게 만들어줍니다. 이제는 예전처럼 고통스럽지 않습니다. 제가 지옥에 떨어지지 않는 한 예전과 같은 고통은 느끼지 못할 것입니다. 과거의 우울했던 기억이 지금 하나님의 자녀로서 누리는 평안과 기쁨과 자유를 더욱 귀하게 해줍니다.

매서운 겨울과도 같았던 어두운 날을 몰아내고 여름처럼 화창한 날을 주신 하나님을 찬양합니다. 죄는 모두 씻겨졌고 이제 누구를 만나든 두렵거나 죄책감에 시달리지 않습니다. 제 영혼은 순결하고 거룩해졌습니다. 이제 하나님의 노여움 대신 미소를 볼 수 있습니다. 사랑이 가득 담긴 눈으로 저를 바라보시고 달콤한 목소리로 저를 부르십니다. 저는 용서받았습니다!

지금 생각해보면 그날에 제가 말씀을 듣고 깨달은 한 가지 이유를 알 것만 같습니다. 그날에 저는 이른 새벽부터 일어나 하나님께서 축복해주시길 간절히 구했습니다. 해가 뜨는 이른 새벽에 성경을 읽으며 은혜의 보좌 앞에 나아가 주님께 이렇게 기도했습니다.

주님, 저를 구원해주세요. 저와 같은 죄인을 구원해 주시는 것은

주님의 은혜를 더욱 영광스럽게 할 것입니다! 주님, 저를 구해주세요. 그렇지 않으면 저는 영원히 잃어버린 자가 될 것입니다. 제가 멸망하지 않게 해주세요, 주님! 저를 구원해주세요. 예수님께서 저를 위해 돌아가셨습니다! 그분께서 십자가에서 겪으신 고통과 보혈로 저를 구원해주세요!

시편의 기도에서도 볼 수 있듯이 확실히 이른 새벽은 하루 중 가장 기도하기 좋은 시간인 것 같습니다.

> 아침에 나의 기도가 주님께 드려지리다. (시 88:13)

구원의 확신

성령님께서 제게 믿음을 주셨고 그 믿음을 통해 평안을 얻었습니다. 그전에는 죄로 멸망할 것이라 확신했지만 이제는 용서받은 것을 확신합니다. 제가 심판받을 것이라고 확신한 이유는 하나님의 말씀과 제 양심이 그렇게 선포하였기 때문입니다. 하지만 이제는 말씀을 근거해 주님께서 저를 의롭게 하셨다고 확신합니다.

> 그를 믿는 자는 심판을 받지 않을 것이요. (요 3:18)

또한 양심이 저의 믿음과 또 믿는 저를 용서하신 하나님의 공의로우심을 입증합니다. 성령님께서 증인이 되시고 또한 제 양심이 증인이 되므로 두 명의 증인이 있는 것입니다.

존슨 박사는 매우 훌륭한 분이셨지만 누구도 믿음을 확신할 수 없으며 자신이 용서받았는지는 확실히 알 수 없다고 주장하였습니다. 존슨 박사가 성경을 조금 더 주의 깊게 연구하고 성령님께서 그에게 말씀을 조금 더 조명해 주셨다면 그도 역시 자신이 용서받았다는 사실을 깨달았을 것입니다. 아무래도 그가 주장하는 신학은 좀처럼 신뢰하기 어려운 것 같습니다.

어떻게 인간이 자신이 용서받은 것을 알 수 있을까요? 성경은 이렇게 말합니다.

> 주 예수 그리스도를 믿어라, 그리하면 네가 구원받을 것이다.
>
> (행 16:31)

저는 주 예수 그리스도를 믿습니다. 이를 근거로 제가 구원받았다고 믿는 것입니다. 그리스도께서는 이렇게 말씀하셨습니다.

> 아들을 믿는 자는 영원한 생명을 얻었느니라. (요 3:36)

저는 그리스도를 믿습니다. 이를 근거로 제가 영원한 생명을 얻었다고 믿는 것이 어리석은 일인가요? 사도 바울은 성령의 감동하심으로 이렇게 말했습니다.

> 그러므로 이제 그리스도 예수 안에 있는 자들에게는 정죄함이 없다. (롬 8:1)

> 믿음으로 의로워진 우리는 하나님과 화평을 누린다. (롬 5:1)

만일 제가 온전히 예수님만 믿고 따르는데도 구원의 확신 없이 아무런 평안을 누리지 못한다면 그처럼 암울한 일이 또 있겠습니까? 하나님의 말씀을 온전히 믿고 받아드린다면 우리는 모두 구원받은 사실을 확신할 수 있습니다. 구원을 확신한다는 것이야말로 온전한 믿음이 가져오는 필연적인 결과라 할 수 있습니다.

저는 예수님을 제 구주로 받아들였고 구원을 받았습니다. 부끄러운 고백이지만 사실 주님을 구주로 받아들일 수밖에 없었습니다. 그것이 구원을 받기 위해 제가 할 수 있는 유일한 일이었기 때문입니다. 엄격한 율법의 기준을 충족하기란 불가능했습니다. 설사 다른 구세주가 오십 명 정도 더 있었다 하더라도 저는 오직 예수님 한 분만 따랐을 것입니다. 제가 필요로 했던 구세주는 신성하고 제게 내려질 저주를 대신 감당하시고 저를 대신해 돌아가시고 다시 살아나셔서 제게 생명을 주시는 분이셨습니다. 이 모든 조건을 충족하는 분은 오직 예수 그리스도밖에 없으며 그래서 저는 그분을 받아들일 수밖에 없었던 것입니다.

루더포드는 애버딘의 지하 감옥에 갇혀있을 당시에 그리스도의 사랑으로 충만해서 이렇게 말하였습니다.

> 오 나의 주님, 저와 주님 사이를 넓은 지옥이 가로막고 있고 그것을 건너지 않으면 주님께 도달할 수 없다 하더라도, 저는 잠시도 머뭇거리지 않고 뛰어들어 헤쳐나갈 것입니다. 주님께 안길 수만 있다면 말입니다!

아, 주님을 사모하는 마음이 어찌나 큰지 이 세상의 모든 사랑을 다 더한 만큼 주님을 사랑합니다. 만일 제가 주님을 만났던 장소가 불타고 있다고 해도 저는 제 살과 피와 뼈가 모두 재로 타버려도 그분 곁을 떠나지 않았을 것입니다. 주님께서 제 모든 소유를 팔아 가난한 자들에게 나눠주라고 하신다면 저는 그렇게 하고 거지가 되어 오히려 그분의 이름을 위해 엄청난 부자가 된 것처럼 자랑스러워 할 것입니다. 만일 주님의 원수들 한가운데서 설교하라고 명하신다면 저는 이렇게 외칠 것입니다.

주님의 양이라면 누구든지
무시하지 않고 먹이겠습니다.
주께서 기뻐하신다면
어떠한 적도 두렵지 않습니다.

만일 누군가 제게 〈예수님께서 당신을 구원하셨습니까?〉라고 질문한다면 저는 서슴없이 그렇다고 대답할 것입니다. 주님의 말씀은 진리입니다. 그러므로 저는 구원받았습니다. 제가 구원받았다는 증거는 제가 설교하는 내용에 있지도 않고 제가 한 행동에 있지도 않습니다. 제 소망은 바로 이 말씀에 있습니다.

그리스도 예수께서 죄인들을 구원하시러 오셨다. (딤전 1:15)

저는 죄인이며 또한 그분을 신뢰합니다. 그러므로 그분은 저를 구하시러 오셨고 그래서 저는 구원받은 것입니다. 저는 이 말씀을 믿고 기쁨으로 살아갑니다. 주님의 말씀이 제 믿음을 유지해주셔서 그 진리를 의심하지 않도록 해주십니다.

구원이란 참으로 놀랍습니다. 특히 구원의 기쁨을 아는 자들에게는 더욱 경이로운 것입니다. 하나님께서 저를 의롭게 하셨다는 사실은 오늘날까지도 그 어떤 불가사의한 일들보다 더욱 저를 놀랍게 합니다. 하나님의 전능하신 사랑으로부터 멀어진다면 저는 무가치하고 부패한 죄 덩어리에 불과할 것입니다. 그럼에도 저는 믿음으로 그리스도 예수 안에서 의로워진 것을 확신합니다.

저는 그리스도와 함께 하나님의 공동 상속자가 되었으며 마치 본래부터 완벽히 의로웠던 것처럼 대우받을 것입니다. 비록 태어날 때부터 죄악 된 본성을 가지고 태어났지만 그럼에도 하나님께서는 이 모든 것을 허락하셨습니다. 전혀 자격이 없는 저이지만 마치 자격이 있는 것처럼 대우받을 것입니다. 비록 과거는 경건하지 못했지만 그럼에도 저는 처음부터 경건했던 자처럼 사랑받을 것입니다.

저는 늘 루터와 칼빈이 말했던 것처럼 복음의 핵심은 바로 〈대속〉이란 단어에 있다고 생각해왔습니다. 그리스도께서 인간의 자리를 대신하신 것입니다. 제가 이해하는 복음이란 이렇습니다. 저는 영원히 멸망 받아 마땅하지만 제가 멸망 받지 않는 유일한 이유는 바로 그리스도께서 제 대신 벌을 받으셨기 때문이고, 그리하여 제 죄에 대한 대가를 중복해서 치르지 않아도 된다는 것입니다.

또, 저는 완전한 의로움을 지니지 않고서는 천국에 들어갈 수 없습니다. 저는 매일같이 죄를 지었기 때문에 절대 행위로는 천국에 들어갈 수 없습니다. 하지만 그리스도께서 완전한 의로움을 지니셨으며 그 의로움을 우리에게 주셨습니다.

불쌍한 죄인아, 내 옷을 입어라. 너는 하나님 앞에서 마치 그리스

도처럼 여겨질 것이며, 나는 하나님 앞에서 죄인처럼 여겨질 것이다. 나는 죄인의 대가를 치를 것이고, 너는 네가 전혀 하지 않았던 의의 대가로 상을 받을 것이다.

한번 그리스도께 나오고 나니 이제는 죄인의 신분으로 매일같이 주님께 나오는 것이 수월했습니다. 마귀는 아직도 〈넌 거룩한 성도가 아니야〉라고 비꼬지만 그럴 때마다 저는 〈난 물론 거룩하지 않은 죄인이야. 하지만 예수 그리스도께서는 죄인들을 구원하기 위해 이 땅에 오셨어〉라고 대답합니다. 어찌 되었든 저는 주님께 나가야 하며 다른 소망은 없습니다. 주님을 바라봄으로 저는 그 은혜를 힘입어 믿음을 굳게 붙들 수 있습니다. 더욱이 제 영혼을 처음 깨닫게 한 구절이 〈나를 바라보라〉(사 45:22)였기 때문에 앞으로도 이 구절을 굳게 붙들고 믿음을 지킬 것입니다.

예수님을 따라 사는 삶

이제 제가 보고 듣고 느낀 점을 정리해보려고 합니다.

우선 그리스도께서는 하나님 아버지의 독생자이십니다. 나머지 모든 사람들이 예수님을 평범한 인간으로 여길지라도 제게는 신성한 하나님이심이 틀림없습니다. 예수님은 오직 하나님만이 하실 수 있는 일을 제게 베풀어주셨습니다. 주님은 제 완고한 고집을 꺾으셨고 돌과 같던 마음을 녹이셨습니다. 강철 같은 사슬을 끊어주셨고 황동으로 된 무거운 문을 열어주셨고 제 마음의 철장을 제거해주셨습니다. 울음을 웃음으로 바꿔주셨고 절망을 기쁨으로 바꿔주셨습니다. 포로로 붙들린 저를 풀어주셨고 표현할 수 없는 기쁨과 충만한 영광으로 제 마음을 가득 채워주셨습니다. 다른 사람들이 어떻게 생각할지라도 저는 예수님께서 하나님의 독생자이신 것을 확신합니다. 그 거룩한 이름을 찬양할지어다!

아, 이제 그분을 찬양하리라.
하늘의 천군 천사와 같이.
그들은 그분께 영원히 절하며
사랑의 노래를 멈추지 않네.
행복한 찬양단이여,
언제쯤 나도 함께할 수 있을까?

또한 예수님은 은혜가 충만하신 분이십니다. 아, 그 은혜가 없었다면 저는 결코 그분의 영광을 보지 못했을 것입니다. 죄가 차고 넘쳤던 저는 그분을 믿지 않음으로 이미 정죄 받았습니다. (요 3:18) 예수님은 발버둥 치며 저항하는 저를 놓지 않고 끝까지 이끌고 가셨습니다. 마침내 제가 그분의 심판대 앞에 섰을 때, 이미 선고받은 죄인처럼 벌벌 떨고 있던 제게 주님은 이렇게 말씀하셨습니다.

네 많은 죄가 모두 사하여졌다. 평안히 가라. (눅 7:47)

다른 사람들이 아무리 주님을 조롱할지라도 저는 그분의 충만하신 은혜를 영원토록 널리 알릴 것입니다.

마지막으로, 예수님은 언제나 신실하신 분이십니다. 주님께서 세우신 언약은 언제나 진실합니다. 어느 것 하나 지켜지지 않은 것이 없습니다. 저는 부끄럽게도 자주 주님을 의심했지만 주님은 저를 결코 실망하게 한 적이 없습니다. 그래서 저는 기뻐할 수밖에 없습니다. 주님의 약속은 언제나 〈아멘〉입니다. (고후 1:20) 물론 주님은 제게만 그러시는 것이 아니라 그리스도를 믿는 모든 성도에게 신실하십니다.

어떤 종이 우리 주님과 같은 주인을 섬겼겠습니까! 어떤 형제라도 주께서 보이신 우애를 가지진 못했을 것입니다. 어떤 배우자라도 그리스도와 같은 남편과 비교할 수 없을 것입니다. 어떤 죄인도 이보다 나은 구원자를 찾지 못할 것입니다. 어떤 병사라도 그 같은 대장을 모시지 못했을 것입니다. 어떤 애통해하는 자도 그리스도께서 베푸신 위로와 같은 것을 받아보지 못했을 것입니다. 저는 주님 말고는 다른 어떤 이도 원치 않습니다. 주께서 살면 저도 살고 주께서 죽으시면 저도 죽습니다. 가난할 때 주님은 저를 부유케 하시고, 아플 때 저를 돌봐주십니다. 어둠 속에서 별처럼 비춰주시며, 밝음 속에서 태양처럼 비춰주십니다.

믿음으로 저는 하나님의 독생자께서 그 피로 제 영혼을 대속해 주신 것을 깨달았습니다. 그동안 겪어온 경험들로 저는 주님이 저를 어둠의 구덩이에서 건져내 반석 위에 세워주신 것을 깨달았습니다. (시 40:2) 주님은 저를 위해 돌아가셨고 그 덕분에 저는 평안을 누리게 되었습니다. 주님은 제가 저지른 모든 죄악을 없애셨습니다. 주님의 보혈로 저를 깨끗하게 하셨습니다. 주님의 완전하신 의로움으로 저를 덮으셨습니다. 주님의 선행으로 저를 감싸셨습니다. 이 세상에 머무르는 동안 세상의 유혹과 올무에서 지켜주실 것이라고 약속하셨습니다. 이 세상에서 떠날 때는 주님께서 이미 마련해 놓으신 천국의 집에서 영원한 기쁨과 행복을 누리며 살 것입니다.

제게 있어서 이 땅에 잠시 머무르는 시간은 그다지 중요하지 않습니다. 제가 어떻게 죽게 될지도 전혀 중요치 않습니다. 적들이 저를 붙잡아 순교 당한다 할지라도 의사가 불치병을 통보한다 할지라도 괜찮습니다.

> 저 태양이 조금만 더 뜨고 지면
> 나는 아름다운 가나안에 도달하리라.

이 땅에서의 제 짧은 시간이 지속하는 동안 저를 위해 가장 미천한 종이 되셨던 주님의 종으로서 섬기는 것보다 더 귀한 일이 또 있겠습니까? 그리스도를 따르는 일은 정말로 기쁜 일입니다. 혹여 제가 영원한 소망이 없이 허무하게 죽는다 할지라도 온 맘으로 하나님을 섬기며 예수님의 발자취를 따르는 것이 제게는 행복한 인생을 사는 것입니다. 죽음 이후의 삶이 없다고 할지라도 저는 여전히 가난한 목회자로 사는 쪽이 왕이나 황제처럼 사는 것보다 좋습니다. 이 음란한 세상이 주는 모든 쾌락보다 그리스도 안에서 누리는 기쁨이 훨씬 크기 때문입니다. 주님의 얼굴을 한 번 뵙는 것이 이 세상이 줄 수 있는 모든 즐거움을 전부 합친 것보다 좋습니다. 지금까지 그랬던 것처럼 앞으로도 쭉 그러할 것입니다. 선한 일을 시작하신 그분께서 끝까지 이루시기 때문입니다.(빌 1:6)

예수 그리스도를 따라 사는 것은 이 땅에 남아 있는 동안에도 큰 기쁨의 열매를 맺게 해줍니다. 그리고 이 열매는 너무 달콤해서 심지어 하늘의 천사들도 그보다 달콤한 음료를 마셔보지 못했을 것입니다. 이 기쁨은 너무 커서 낙원의 최고급 음식과 음료와도 견줄 수 있을 것입니다. 저는 예수님께 헌신한 사람들을 수천 명 만나봤지만 그 누구도 예수님 때문에 실망하는 것을 보지 못했습니다. 예수 그리스도께서는 절대로 실망하게 하지 않으십니다.

제가 처음 예수님을 뵈었을 때 제 어깨를 짓누르던 무거운 짐이 벗겨졌습니다. 정죄함에서 해방되었을 때 저는 제가 들어왔던 설교자들의 많은 설교가 거짓이 아니었다는 것을 깨달았습니다. 그들이 주님에 관해 얘기했던 것은 전부 사실이었습니다. 주님은 정말 좋으시고 자애로우시고 은혜로우시고 기꺼이 우리를 용서하시는 분이십니다. 아니, 오히려 그들이 말한 것이 모자르다고까지 생각했습니다. 물론 그들은 할 수 있는 만큼 주님을 찬양했겠지만 그 정도로는 너무 모자를 만큼 주님은 위대하신 분입니다. 주님을 제대로 만난 사람이라면 모두 이처럼 고백할 것입니다.

지금 설교자로서 사역하면서 설교를 마치고 집으로 돌아가며 아쉬워한 적이 참 많습니다. 주님에 대해서 제가 알고 있는 만큼 제대로 설교하지 못했기 때문입니다. 그분의 비할 데 없는 은혜를 어찌 말로 다 표현할 수 있겠습니까? 아, 지금보다 훨씬 더 그분에 대해 알고 더 잘 설교할 수 있었으면 좋겠습니다.

출판사 소개

프리스브러리는 Pristine(오염되지 않은)과 Library(도서관)의 합성어로 종교개혁가와 청교도 같은 신앙 선배들이 남긴 믿음의 유산을 보존하고 널리 알리기 위해 설립되었습니다.

한국은 미국 다음으로 많은 신앙 도서가 출간되는 기독교 강국이지만 아직 국내에 소개되지 않은 주옥같은 책이 너무도 많습니다. 또한, 이미 출판되었다고 해도 번역이 난해해서 읽기 어렵거나 판매량이 저조해 절판된 책도 적지 않습니다.

프리스브러리는 엄선된 기독교 고전 작가의 저서 중에서 한 번도 국내에 출판되지 않았거나 절판되어 구하기 힘든 책을 재번역해 〈디지털 소량 출판〉과 〈전자책〉을 통해 비록 판매량이 적더라도 절판되지 않고 언제든 쉽게 찾아볼 수 있게 하고 있습니다.

아울러 장래에는 국내 뿐 아니라 일본, 중국, 동남아 등 다양한 언어로 번역해 전자책으로 만들어 무료로 배포할 계획을 세우고 있으며, 이를 통해 〈선교 한류〉의 붐이 일어나기를 꿈꾸고 있습니다.

이런 프리스브러리의 비전을 함께 이루고 싶으신 분은 새로운 책이 한 권 나올 때마다 격려하는 차원에서 아래 계좌로 1만원씩 후원해주세요. 후원금은 모두 다음 신간의 번역과 출판 비용으로 사용됩니다.

후원 계좌: 씨티은행 533-50447-264-01 (정시용)